Le cahier Méditation pour les nuls

Le cahier Méditation pour les Nuls
« Pour les Nuls » est une marque déposée de John Wiley & Sons, Inc.
« For Dummies » est une marque déposée de John Wiley & Sons, Inc.

ISBN : 978-2-412-02567-3
Dépôt légal : juin 2017
Imprimé en France

Édition : Lisa Marie
Mise en pages : Cipanga
Correction : Laurence Granier

Éditions First, un département d'Édi8
12, avenue d'Italie
75013 Paris – France

Tél. : 01 44 16 09 00
Fax : 01 44 16 09 01

E-mail : firstinfo@efirst.com
Internet : www.pourlesnuls.fr

Le cahier
Méditation
pour les nuls

FIRST Editions

Sommaire

Parce que toutes les réponses ne se trouvent pas sur internet...

INTRODUCTION

À propos de ce livre

Nous avons tous envie d'être sereins et calmes en toutes circonstances, de savoir gérer les situations sans stress. Nous désirons connaître le bonheur et la paix intérieure. Pourtant, la réalité est loin d'être parfaite... Nous pouvons nous sentir tendus, nerveux, à fleur de peau. Il arrive que nous soyons emportés par nos émotions, que nous réagissions impulsivement. Il est aussi possible que nous ayons l'impression d'être emprisonnés par le passé ou de ne vivre que dans la projection du futur.

Ce livre de méditation, grâce à des techniques simples ayant déjà fait leur preuve, va vous apprendre progressivement à :

- Gérer votre stress et vos émotions
- Vivre davantage dans le moment présent
- Agir avec discernement et lucidité
- Cultiver la sagesse du cœur
- Développer le calme intérieur
- Mieux vous connecter à vous-même et aux autres
- ... et bien d'autres choses encore !

Mais puisque c'est en forgeant que l'on devient forgeron, commençons !

Les icônes utilisées dans ce livre

Attention

Cette icône vous indique un point sur lequel vous devez être vigilant.

Conseil

Un conseil, une petite astuce pour renforcer votre pratique de la méditation.

En pratique

Cette icône indique des exercices pratiques à tester au quotidien.

Histoire zen

Des histoires zen pour illustrer certains points.

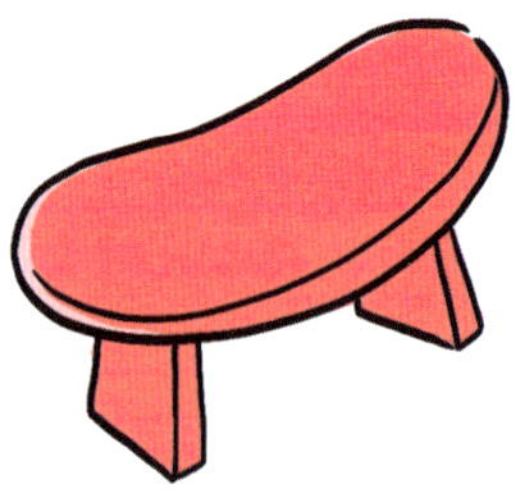

16h30 :
- Encore 30 mails à répondre
- Une réunion à préparer
- Plus de café !!!
Niveau de stress : 65 %.

Partie 1

Évaluer son stress

Dans cette partie :

- Des tests
- Cap sur les pensées
- Écouter son corps
- Définir des objectifs

QUEL STRESSÉ ÊTES-VOUS ?

Nous avons tous déjà ressenti du stress dans notre vie, mais certains le gèrent plus ou moins bien selon leur histoire ou leur personnalité. Répondez aux questions qui suivent pour savoir à quel niveau se situe votre stress.

Le test

Je me sens irritable, à fleur de peau.

- ✸ Jamais
- ❖ Parfois
- ❍ Souvent
- ♦ Toujours

J'ai l'impression qu'un danger me guette ou qu'il y a urgence.

- ✸ Jamais
- ❖ Parfois
- ❍ Souvent
- ♦ Toujours

Je dors mal, j'ai dû mal à m'endormir ou je me réveille dans la nuit.

- ✸ Jamais
- ❖ Parfois
- ❍ Souvent
- ♦ Toujours

Je me sens tendu, contracté.

- ✸ Jamais
- ❖ Parfois
- ❍ Souvent
- ♦ Toujours

Je me sens fatigué.

- ✸ Jamais
- ❖ Parfois
- ❍ Souvent
- ♦ Toujours

J'ai des problèmes intestinaux (diarrhée, constipation).

- Jamais
- Parfois
- Souvent
- Toujours

Je démarre au quart de tour, je suis impulsif.

- Jamais
- Parfois
- Souvent
- Toujours

J'ai les mains moites, je transpire.

- Jamais
- Parfois
- Souvent
- Toujours

J'ai des crampes à l'estomac ou une boule dans la gorge.

- Jamais
- Parfois
- Souvent
- Toujours

J'ai des sensations de chaud, de froid.

- Jamais
- Parfois
- Souvent
- Toujours

Je ressasse, je rumine, mes idées tournent en boucle.

- Jamais
- Parfois
- Souvent
- Toujours

Les résultats

Pour connaître votre niveau de stress, additionnez les points comme ceci : 1 point pour ✷, 2 points pour ✣, 3 points pour ❍, 4 points pour ♦.

Votre score se situe entre 11 et 22 points : Plutôt cool !

Votre niveau de stress est bas. Bravo ! Vous savez bien gérer le stress.

Comment faites-vous ? Vous êtes certainement d'un naturel plutôt calme et vous savez prendre du recul face aux événements stressants de la vie. Lancez-vous dans un vrai programme de méditation, vous allez faire de grands progrès.

Votre score se situe entre 23 et 33 points : Attention au stress !

Votre niveau de stress est plutôt élevé.

Il est temps de faire quelque chose pour apprendre à le gérer ou il risque de s'immiscer de plus en plus dans votre vie. Peut-être qu'au fond de vous, vous le savez déjà. Faites quelques minutes de scan corporel (voir p. 44) pour mieux écouter votre corps. Ressentez-vous déjà quelques signaux d'alerte ? Un mal de dos ? Une boule dans le ventre ?

Commencez rapidement à dégager du temps pour vous et réfléchissez à un programme de remise en forme et à des activités de détente.

Votre score se situe entre 34 et 44 points : Ralentissez ! Ralentissez !

Votre niveau de stress est très élevé.

Attention à votre niveau de stress. Faites une pause, définissez vos priorités, vos besoins et ce qui vous importe afin de prendre soin de vous. Adoptez une hygiène de vie irréprochable : respectez votre temps de sommeil, couchez-vous plus tôt, prenez le temps de manger sainement. Faites attention aux excès : thé, café, cigarettes.

Inscrivez-vous à un cours de sport, de yoga, et commencez rapidement le programme de méditation en huit jours proposé par la suite ou, si le besoin s'en fait ressentir, méditez jours et nuits !

ZOOM SUR LE STRESS

Qu'est-ce que le stress ?

Le stress est une réaction de l'organisme qui permet de nous adapter face à un changement. Ce système a été hérité de notre ancêtre, l'homme des cavernes. En effet, pour faire face à un mammouth qui menaçait de l'écraser, il n'avait que trois choix possibles : la fuite, le combat ou... faire le mort ! (Souvenez-vous de l'opossum dans *L'Âge de glace*) Pour faire simple, nous parlerons des deux premières réactions : fuir ou combattre.

L'organisme va sécréter des hormones, notamment l'adrénaline et le cortisol, qui vont préparer le corps à l'action en apportant davantage de sang dans les muscles. La digestion se ralentit, le cœur bat plus vite, la respiration s'accélère, les sens sont plus en alerte, les poils se hérissent. Et puis, une fois le danger passé, le stress disparaît naturellement et l'organisme retrouve son état de repos.

De nos jours, cette situation se retrouve par exemple quand nous passons un examen important. Grâce au stress ressenti juste avant l'épreuve, nous pouvons dépasser nos limites et faire des prouesses. On peut alors parler de « bon stress », celui qui ne dure pas longtemps, qui est supportable et qui nous motive. Il nous permet de relever des défis, d'aller au-delà de nos capacités, de faire des performances.

Une question d'équilibre entre bon et mauvais stress

Attention

Si le stress est trop intense, nos capacités sont inhibées ; c'est ainsi que nous nous retrouvons avec des trous de mémoire, des absences qui vont nous faire perdre nos moyens, nous paralyser, et là, c'est la contre-performance assurée ! Dans ce cas, on parle de « mauvais stress ».

Et que se passerait-il si on remplaçait le gros mammouth évoqué un peu plus haut par notre chef ou notre collègue, particulièrement pénible, qu'on côtoie dans notre travail huit heures par jour pendant des semaines, des mois voire des années ? On ne peut malheureusement pas s'enfuir ni le combattre en lui lançant des flèches dans le dos (comme le faisaient nos ancêtres). Le stress va alors perdurer, devenir chronique et provoquer un épuisement de l'organisme. Le stress chronique, c'est donc aussi du mauvais stress !

Le stress peut également devenir chronique quand nous ressassons dans notre tête une situation stressante ou un problème en croyant les résoudre de cette manière alors qu'en réalité, nous ne faisons que créer un stress psychologique qui impacte sur notre santé. En 1982, le Pr Jon Kabat-Zinn a mis au point un programme de méditation en huit semaines, appelé MBSR (*Mindfulness Based Stress Reduction*), visant à réduire le stress. De nombreuses études ont montré son effet positif sur la diminution du stress.

MA MÉTÉO INTÉRIEURE

Nous ressentons tous des émotions, c'est ce qui colore notre perception du monde. Sans émotions, la vie aurait moins de saveurs. Ces émois, c'est notre météo intérieure et elle est souvent une bonne indicatrice de ce qui se passe au plus profond de nous-mêmes. Si vous étiez comparable au ciel, quelle serait alors votre météo intérieure ?

Durant les trois derniers jours, ma météo intérieure est... :
(Plusieurs choix possibles)

☐ Il fait beau

☐ Le temps est magnifique

☐ Il fait chaud

☐ Le temps est ensoleillé

☐ Le soleil brille

☐ Température en hausse

☐ Le ciel est dégagé

☐ Canicule

☐ Le soleil fait quelques timides apparitions
☐ Il fait frais
☐ Il fait mauvais
☐ Il fait froid
☐ Il fait un froid de canard
☐ Le temps est maussade
☐ Il y a du crachin
☐ Il pleut
☐ Le temps est orageux
☐ Il y a du tonnerre et des éclairs

En général, ma météo intérieure est... :
(Plusieurs choix possibles)

☐ Il fait beau
☐ Le temps est magnifique
☐ Il fait chaud
☐ Le temps est ensoleillé
☐ Le soleil brille
☐ Température en hausse
☐ Le ciel est dégagé
☐ Canicule
☐ Le soleil fait quelques timides apparitions
☐ Il fait frais
☐ Il fait mauvais
☐ Il fait froid
☐ Il fait un froid de canard
☐ Le temps est maussade
☐ Il y a du crachin
☐ Il pleut
☐ Le temps est orageux
☐ Il y a du tonnerre et des éclairs

Alors, beau temps ou sale temps ?

Nous avons tous envie que le soleil brille en permanence sur notre vie, mais il arrive qu'un nuage gris plane au-dessus de notre tête et, malgré tous nos efforts pour le chasser, il reste désespérément présent, comme une menace. Alors, nous nous irritons, nous nous emportons contre ce mauvais temps. Il peut même nous déprimer.

Nous aimerions être constamment heureux et joyeux, mais ressentir de la tristesse, du stress, de l'inquiétude, de l'anxiété ou de la colère fait partie de la vie. Au lieu de vouloir fuir, combattre ou repousser ces émotions négatives, essayons d'apprendre à les accepter telles qu'elles sont. À l'image de la météo, nous ne pouvons pas agir sur elles. Apprenons simplement, grâce à la méditation, à les accueillir avec sérénité.

LE TRAIN DE MES PENSÉES

Nous passons notre vie à penser et prenons souvent nos pensées pour la réalité. Or, celles-ci ne reflètent pas toujours la vérité. Les pensées ne sont pas des faits, comme nous le verrons dans la suite de ce programme. Mais dans un premier temps, commencez par effectuer ce petit exercice :

En pratique

- Asseyez-vous confortablement sur une chaise ou un coussin.
- Fermez les yeux.
- Laissez vos pensées venir naturellement. Faites cet exercice pendant cinq minutes.

Notez toutes les pensées qui vous sont venues à l'esprit durant cet exercice :

Le train de mes pensées... train...
train-train... quotidien...

Si vous deviez résumer vos pensées, leur donner un nom, un titre ou un scénario de film, quel serait-il ?

☐ Radio catastrophe

☐ Radio critique

☐ La spirale de la loose

☐ L'homme est un loup pour l'homme

☐ Allô, maman bobo

☐ Le hamster qui tourne dans sa cage

☐ Radio nostalgie

☐ Retour vers le futur

☐ La machine à ruminer

☐ Autre : ______________________________

Avez-vous remarqué, à travers cet exercice, comment les pensées vous envahissent ? Elles arrivent par flots, elles vont dans tous les sens. Des pensées qui concernent l'avenir, le passé, peut-être des pensées à propos de tout et de rien. Tellement de pensées en cinq minutes ; impossible de les canaliser ! Elles tournent en boucle et vous fatiguent. Avez-vous envie de faire une pause, d'arrêter de penser, de mettre votre cerveau en veille parce que vous avez l'impression qu'il est en surchauffe ?

En pratique

- Asseyez-vous confortablement et fermez doucement les yeux.
- Portez toute votre attention sur votre ventre. Si vous voulez, mettez une main sur votre nombril et suivez le mouvement de votre main posé sur votre ventre. Remarquez que votre main se soulève et s'abaisse.
- Puis, sentez votre abdomen qui se gonfle à l'inspiration et qui se dégonfle à l'expiration. Faites cet exercice pendant cinq minutes.

Avez-vous l'esprit plus calme après cet exercice ? Vous sentez-vous plus apaisé ?

J'APPRENDS À ÉCOUTER MON CORPS

Apprenons à écouter notre corps, car il nous révèle beaucoup d'informations si nous prenons le temps de nous y connecter. Nous apprendrons à mieux le connaître au cours de notre programme de méditation en huit jours (voir la partie 3), tout comme nous apprendrons qu'il peut nous aider dans les moments difficiles. Mais pour l'instant, voici un petit exercice rapide.

En pratique

- Fermez simplement les yeux et concentrez-vous sur votre corps.
- Commencez par le sommet de votre tête, puis descendez doucement jusqu'au bout de vos orteils, en portant attention à chaque partie de votre corps. Faites cet exercice pendant cinq minutes.

Qu'avez-vous ressenti ?

☐ Sensation de chaud

☐ Sensation de froid

☐ Cœur qui bat

☐ Douleurs

☐ Boule dans le ventre

☐ Maux de tête

- ☐ Sensation de pesanteur
- ☐ Sensation de légèreté
- ☐ Pulsations
- ☐ Mouvement de la respiration
- ☐ Vibrations
- ☐ Crispation de la mâchoire
- ☐ Autre : ____________________

____

____

____

JE TESTE MA PLEINE CONSCIENCE

Nous fonctionnons souvent en mode automatique, perdus dans nos pensées. Nous pouvons alors accomplir des tâches machinalement, peu conscients de ce qui peut se passer dans le moment présent. La pleine conscience est tout le contraire du pilotage automatique. Il s'agit de la capacité à rester présent et attentif dans l'ici et le maintenant sans jugement et avec acceptation de tout ce qui se déploie dans l'instant présent. Faites le test qui suit pour savoir si cette capacité est développée chez vous :

Je suis distrait, dans la lune.

- ✸ Jamais
- ❖ Parfois
- ❍ Souvent
- ♦ Toujours

Quand une situation m'ennuie, je cherche à l'éviter en pensant à autre chose.

- ✸ Jamais
- ❖ Parfois
- ❍ Souvent
- ♦ Toujours

J'ai du mal à écouter ce que les gens disent, car je suis ailleurs.

- Jamais
- Parfois
- Souvent
- Toujours

Je perds mes affaires, ne me souviens plus où je les ai posées.

- Jamais
- Parfois
- Souvent
- Toujours

J'ai tendance à penser au passé ou au futur.

- Jamais
- Parfois
- Souvent
- Toujours

J'ai tendance à parler sans écouter la personne en face.

- Jamais
- Parfois
- Souvent
- Toujours

Je mange devant la télévision ou en écoutant la radio.

- Jamais
- Parfois
- Souvent
- Toujours

J'ai des difficultés à ressentir mon corps.

- Jamais
- Parfois
- Souvent
- Toujours

Il m'arrive d'aller à certains endroits sans en avoir pris conscience puis de rebrousser chemin.

- Jamais
- Parfois
- Souvent
- Toujours

J'oublie ce que l'on vient de me dire.

- Jamais
- Parfois
- Souvent
- Toujours

J'ai tendance à ressasser et ruminer.

- Jamais
- Parfois
- Souvent
- Toujours

Je ne me souviens pas des gens que j'ai rencontrés alors qu'eux se souviennent de moi.

- Jamais
- Parfois
- Souvent
- Toujours

Je casse ou renverse les objets par manque d'attention.

- Jamais
- Parfois
- Souvent
- Toujours

Je n'arrive pas à me concentrer sur ce qui se passe dans le moment présent.

- ✷ Jamais
- ✣ Parfois
- ❍ Souvent
- ♦ Toujours

Je passe d'une activité à une autre sans chercher à les approfondir.

- ✷ Jamais
- ✣ Parfois
- ❍ Souvent
- ♦ Toujours

Votre score de pleine conscience

Calculez votre résultat comme suit : 1 point pour ✷, 2 points pour ✣, 3 points pour ❍, 4 points pour ♦.

Votre score se situe entre 15 et 30 points

Vous avez un fort potentiel de pleine conscience. Avec un peu d'entraînement à la méditation, vous pouvez devenir un grand maître zen.

Votre score se situe entre 31 et 45 points

Vous savez mettre une dose de pleine conscience dans ce que vous faites. On vous trouve parfois lent, mais vous êtes contemplatif. Vous savez prendre le temps d'écouter un chant d'oiseau ou de vous réjouir d'un rayon de soleil. Persévérez !

Votre score se situe entre 46 et 60 points

Vous êtes souvent dans vos pensées, quelque part entre le passé et le futur, ou bien vous les ressassez. En tout cas, vous avez du mal à rester dans le moment présent. Vous avez tendance à être en pilotage automatique. Commencez doucement à mettre un peu de conscience dans votre journée : ralentissez et prenez le temps de boire votre thé ou votre café en pleine conscience !

AVANT DE COMMENCER…

À présent, asseyez-vous confortablement, en silence, et faites trois grandes respirations. Puis, posez-vous sincèrement, au plus profond de vous-même, les questions suivantes :

Qu'est-ce que j'attends de la méditation ?

Qu'est-ce que je suis prêt à mettre en place ?

Qu'est-ce qui est vraiment important pour moi dans la vie ?

Qu'est-ce qui me rend heureux ?

Comment puis-je prendre mieux soin de moi ?

C'est bon, je suis prête à médi-thé !

Partie 2

Introduction à la méditation

Dans cette partie :

- Les origines de la méditation
- La posture et le matériel
- Les ennemis de la méditation

UN PEU D'HISTOIRE

Les techniques de méditation que nous allons aborder ici sont des méditations dites de pleine conscience. Elles ont été inspirées des enseignements du Bouddha sans les aspects religieux... Voyons voir qui était ce personnage qui a vécu au ve siècle avant J.-C. et qui continue à inspirer de nombreuses personnes encore aujourd'hui.

Il était une fois Siddhârta Gautama

Histoire zen

Le Bouddha, qui signifie « l'Éveillé », n'a pas toujours été appelé ainsi. Il était né prince et s'appelait Siddhârta Gautama. Ses parents étaient roi et reine d'une province indienne. Comme il était de coutume à cette époque, peu de temps après sa naissance, le roi fit venir les astrologues les plus renommés du royaume pour prédire l'avenir de son enfant. Après avoir longuement examiné le bébé de la tête aux pieds, les devins affirmèrent de façon unanime : « Votre fils deviendra soit un grand monarque, soit un très grand sage. »

Après ce verdict sans appel, le roi était très inquiet. Un grand sage, certes... mais un grand monarque, c'est quand même mieux ! Il se tourna alors vers ses prédicateurs et s'exclama d'une voix puissante : « Comment cela est-il possible ? Mon fils va peut-être devenir un grand sage et abandonner tout son royaume, ses richesses ?! Comment éviter cela ? »

Un des astrologues s'avança et lui répondit : « Il renoncera au trône, à l'argent, aux femmes, à tous les biens matériels quand il rencontrera sur son chemin quatre personnes.

– Vite ! Dis-moi qui sont ces quatre personnes ! Donne-moi leurs noms ! » lui demanda le roi.

Et l'astrologue déclara : « Un vieillard, un malade, un cadavre et un ermite.

« Voilà, la solution est toute trouvée ! Je vais m'arranger pour qu'il ne puisse jamais rencontrer ces personnes » pensa le roi.

Et c'est ainsi que Siddhârta fut élevé dans le palais royal, loin des souffrances du monde, avec l'interdiction formelle de sortir hors de l'enceinte du château. Il reçut la meilleure des éducations et mena une vie luxueuse.

Le vieillard, le malade, le cadavre et l'ermite

Mais à l'âge de vingt-huit ans, piqué par la curiosité, il déjoua les gardes et réussit à se faufiler pour la première fois de sa vie hors du château avec l'aide de son fidèle serviteur. La première personne qu'il rencontra sur son chemin fut un très vieil homme aux cheveux blancs, tout courbé, marchant difficilement avec une canne et aussi ridé qu'une vieille pomme. Siddhârta n'avait jamais vu une personne semblable auparavant dans l'enceinte de son château. Très étonné, il demanda à son serviteur : « Qui est-ce ? » Et ce dernier lui répondit : « Mon prince, ce que tu vois là, c'est un vieillard. Et toi aussi tu deviendras comme lui. » Siddhârta demeura silencieux.

Une deuxième occasion de s'échapper se présenta à lui (toujours avec l'aide de son fidèle serviteur). Il rencontra cette fois-ci une femme recouverte de pustules, l'air très mal en point. Et de nouveau, il demanda à son serviteur : « Qui est-ce ? » Et le serviteur répondit : « Mon prince, c'est une malade incurable. Tout corps peut être soumis à la maladie. Toi aussi, il se pourrait qu'un jour, tu sois aussi malade qu'elle. »

À sa troisième sortie, il croisa un convoi funéraire avec des gens en pleurs transportant un mort. Son serviteur lui expliqua alors : « Quelqu'un est mort dans cette famille. Ils sont en train de porter son cadavre pour le brûler sur un bûcher. Ils sont tristes, car ils viennent de perdre quelqu'un qu'ils ont beaucoup aimé. Prince Siddhârta, toi aussi, un jour, tu mourras. »

Lors de sa quatrième escapade, il aperçut un homme à la tête rasée, le visage paisible, en tenu ocre, assis sous un arbre en train de méditer profondément. Son serviteur prit la parole : « C'est un ermite qui est en train de méditer. Il a renoncé à tout pour essayer de trouver le secret du bonheur et se libérer des souffrances de cette vie. »

Après ces quatre rencontres, Siddhârta, revenu dans son palais, ne pouvait s'empêcher de ressentir une profonde révolte en lui. « C'était donc cela la vie ! Derrière le luxe de ce palais et cette vie de plaisir se cache une autre réalité : les hommes naissent, vivent, sont soumis à la maladie, puis décrépissent et finissent par mourir un jour ou l'autre. Ô que de souffrance ! Cet ermite a raison ! C'est lui qui est dans le vrai. » Telles étaient ses réflexions. Il prit alors la ferme décision de tout abandonner afin de trouver le remède à la souffrance causée par la maladie, la mort, la perte des êtres chers, la vieillesse.

Une nuit, il quitta en secret le palais de son père après avoir rasé ses cheveux et abandonné ses habits princiers. Pendant six ans, Siddhârta eut plusieurs maîtres – du plus sérieux au plus excentrique – essayant toutes les techniques, mais il restait toujours déçu par leurs enseignements. Las, il prit alors la décision de continuer seul son chemin. Il s'essaya aux techniques les plus extrêmes qui pouvaient mettre en danger sa propre santé, notamment une pratique ascétique intense.

De Siddhârta au Bouddha

Une nuit de pleine lune, Siddhârta partit dans la forêt, s'assit en position du lotus sous un banian, et prit la ferme résolution de méditer jusqu'à qu'il soit libéré de toute souffrance. Il entra alors dans des états de concentration de plus en plus profonds. Et au bout du septième jour, tout lui devint très clair, tellement clair ! Il comprit les causes de tous nos tourments, de nos souffrances, et les moyens pour y mettre fin. Il avait percé les voiles des illusions et avait réalisé comment trouver le bonheur véritable, la sérénité intérieure.

Il s'était éveillé à la réalité, au-delà des pensées, des schémas mentaux, devenant ainsi un Bouddha, ou un être éveillé, à l'âge de trente-cinq ans. Et pendant plus de quarante ans, il passa le reste de sa vie à voyager de village en village pour partager sa découverte et enseigner la méditation au plus grand nombre de personnes afin qu'elles puissent accéder à la paix intérieure et au vrai bonheur.

QU'EST-CE QUE LA MÉDITATION DE PLEINE CONSCIENCE ?

La plupart du temps, nous sommes perdus dans nos pensées qui peuvent nous projeter dans le passé ou dans le futur. Nous croyons que nos pensées reflètent la réalité. Nous sommes peu présents dans l'ici et le maintenant, plongés dans nos idées et nos réflexions : nous sommes en mode pilotage automatique. Ce mode peut engendrer du stress, des problèmes émotionnels, de l'anxiété, un *burn-out*.

La méditation de pleine conscience est une méthode d'entraînement mental qui va vous aider à rester dans le présent. Pour cela, vous vous entraînerez à diriger consciemment votre attention, à l'instant voulu, sur l'expérience du moment présent, sans aucun jugement.

Les différentes techniques proposées peuvent être inscrites dans des temps spécifiquement dédiés à la méditation : ce sont des pratiques formelles. Il existe aussi des pratiques informelles qui consistent à s'entraîner lors des activités quotidiennes.

La méditation n'est pas religieuse, elle ne prône ni la résignation ni la passivité. Elle permet de prendre du recul par rapport à nos pensées et nos schémas mentaux. Elle contribue à une meilleure acceptation de soi et nous permet d'agir efficacement au lieu de réagir automatiquement.

Quelle efficacité ?

De nombreuses études scientifiques ont montré un impact très positif de la méditation sur la santé. Une pratique régulière permettrait ainsi une amélioration du sommeil, une meilleure gestion du stress, des émotions et des douleurs chroniques. Les travaux en neurosciences ont par ailleurs révélé un réel impact de la méditation sur le cerveau, à travers une meilleure synchronicité, une capacité attentionnelle augmentée et une activation des zones cérébrales liées aux émotions agréables.

LE MATÉRIEL DE MÉDITATION

La méditation, c'est simple ! Pas de grigri, d'encens, de statue du Bouddha ou autre équipement exotique en tout genre à acheter. Il suffit de s'asseoir confortablement où vous voulez et de suivre les instructions comme vous le verrez dans la suite de ce programme.

La bonne nouvelle, donc, c'est que vous n'avez besoin d'aucun matériel de méditation pour commencer. Assis dans votre fauteuil, sur votre canapé, votre lit ou votre tapis... tout fera l'affaire !

Un siège

Traditionnellement, vous pouvez voir certains « méditants » assis sur un petit coussin appelé *zafu*. Il permet de s'asseoir par terre de façon confortable tout en maintenant le dos droit. D'autres optent pour des coussins ronds ou rectangulaires. Il y a également la possibilité d'acheter un banc de méditation en bois. À vous de voir quel type de siège vous correspond le mieux !

Soyez à l'aise

Avant de faire votre choix définitif, faites des essais. Il est en effet important que vous soyez bien à l'aise et que vous vous sentiez confortablement assis. Vous pouvez vous procurer facilement un *zafu* ou un banc de méditation dans de nombreux magasins dédiés au bien-être. Quand vous les essaierez, achetez-en un qui vous permette d'avoir les deux genoux posés sur le sol et le bassin légèrement incliné, car il existe beaucoup de modèles différents : petits, grands, épais, minces, larges, étroits... sans compter une multitude de couleurs pour tous les goûts.

Attention

Inutile de passer dix ans à faire votre choix ! Ne faites pas du matériel de méditation une obsession.

Quel que soit votre choix, ce sera certainement le bon. Et puis, vous pourrez aussi changer de support plus tard, une fois que votre pratique sera plus ancrée. Certaines personnes commencent avec un coussin et achètent par la suite un banc de méditation. Le matériel parfait n'existe pas.

LES POSTURES DE MÉDITATION

Encore une bonne nouvelle : il n'y a pas vraiment de positions obligatoires en méditation, mais on peut tout de même lister quelques positions « de base ».

La position birmane

Le plus important est de vous asseoir de façon confortable afin de méditer facilement. Si vous voulez vous asseoir par terre, la position la plus facile est certainement la position birmane. Vous êtes assis en tailleur, le dos droit, la tête droite dans le prolongement de la colonne vertébrale. Les deux mollets et les deux pieds sont au sol, une jambe devant l'autre.

Si vous n'êtes pas habitué à vous asseoir par terre ou si cette position vous est inconfortable, vous pouvez vous asseoir sur une chaise. Le dos est toujours droit, la tête est dans le prolongement de la nuque et du dos. Vous pouvez mettre un petit coussin sur votre chaise afin de surélever un peu les fesses par rapport aux genoux ce qui va faire un peu basculer votre bassin vers l'avant et aider à maintenir la colonne vertébrale droite. Vous pouvez vous appuyer légèrement contre le dossier de la chaise. Les jambes sont décroisées et les pieds sont bien posés par terre à plat.

Le lotus

Vous êtes assis en tailleur sur votre *zafu* ou votre coussin, le dos droit. Le pied gauche se trouve sur la cuisse droite et le pied droit sur la cuisse gauche. C'est une position difficile à tenir car elle nécessite une certaine souplesse et peut provoquer rapidement des douleurs au niveau des jambes si vous n'êtes pas très entraîné. Cette position vous assure néanmoins une grande stabilité dans votre assise.

Le demi-lotus

Vous êtes assis en tailleur, le dos droit. Un pied est posé sur la cuisse opposée et l'autre pied posé sur le sol, sous l'autre cuisse. Vos deux genoux doivent toucher le sol. Cette position est plus facile que le lotus.

À genoux

Vous pouvez vous asseoir sur les genoux plutôt qu'en tailleur. Les fesses sont posées sur un banc de méditation ou sur un coussin qui peut être calé entre vos jambes et sous vos fesses.

Et les différentes parties du corps ?

- **Les yeux sont habituellement maintenus fermés**, délicatement, sans effort, afin d'éviter d'être distraits par l'environnement extérieur. Cependant, vous pouvez les garder mi-clos, regardant le sol à 45 °, surtout si vous avez tendance à vous endormir facilement.

- **Les mains sont posées sur les cuisses ou les genoux dans une position qui vous est confortable** et qui ne vous gêne pas pendant votre méditation. Habituellement, les mains sont posées à plat, paumes ouvertes, sur la cuisse ou le genou, mais vous pouvez aussi les tourner vers le ciel. Il existe une autre position courante qui consiste à placer une main en dessous de l'autre, les paumes vers le haut, les doigts d'une main reposent sur ceux de l'autre et les extrémités des pouces se touchent légèrement.

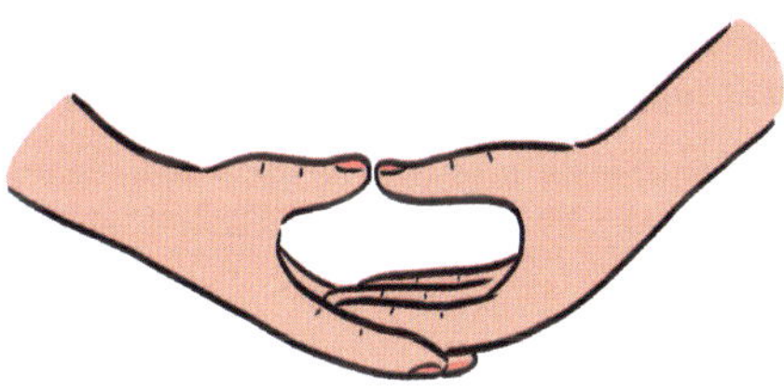

- **La bouche est maintenue fermée sans effort.** Vous pouvez desserrer la mâchoire.

LES ENNEMIS DE LA MÉDITATION

Attention

Quand vous allez commencer à vous entraîner, il est possible que vous rencontriez au fur et à mesure de votre pratique des obstacles qui pourraient vous empêcher de méditer. C'est ce que nous appelons **les cinq ennemis de la méditation**. Il est tout à fait normal de les rencontrer à un moment ou à un autre de votre pratique. Il est donc important de les reconnaître pour ne pas qu'ils vous piègent.

Le désir ou l'envie de faire autre chose

Au moment d'aller méditer, vous pouvez être pris d'une envie irrésistible de faire autre chose de plus agréable ou bien des activités qu'à ce moment-là vous jugerez plus utiles. « Tiens, je mangerais bien quelque chose avant d'aller méditer », et en deux temps trois mouvements, vous partez dans votre cuisine en pensant à une bonne glace. Vous savourez votre glace et vous ne pensez plus du tout à méditer. Ensuite, vous faites autre chose et encore autre chose. Et c'est au moment de vous coucher que vous vous rappelez que vous avez raté votre moment de méditation !

Il y a dans ce monde tellement d'activités agréables et de tentations : sortir, écouter un bon disque, regarder une série captivante, téléphoner à ses amis... Il y a aussi l'excuse du « Je n'ai pas le temps ! J'ai des choses plus urgentes à faire. » Et ainsi, la journée passe, et vous vous dites : « Zut ! J'ai encore raté l'heure de ma méditation. Mais ce n'est pas grave, demain je méditerai encore plus longtemps pour rattraper mon retard. » Et le jour suivant, à l'heure de votre méditation, vous trouverez encore quelque chose d'autre à faire. Les jours se succèdent et vous n'avez toujours pas médité.

L'aversion ou l'envie de ne pas méditer

Ça y est ! Cette fois-ci, c'est bon, vous avez déjà commencé à méditer depuis quelques jours, vous avez même été fort enthousiaste pendant les premières méditations. Mais là, vous ne savez pas pourquoi, vous avez envie de tout laisser tomber. Vous y allez à reculons. La méditation vous exaspère et il se peut même que vous ressentiez des émotions désagréables pendant votre méditation, comme de la colère qui remonte. Vraiment, vous avez de moins en moins envie de poursuivre le programme. C'est tellement ennuyeux, c'est long et fatiguant. Ce n'est pas du tout ce que vous attendiez de la méditation... Quelle déception !

Le doute

Parfois, un doute puissant s'empare de vous au cours de votre méditation.

Le doute en lui-même

Vous doutez de votre capacité à méditer et peut-être même vous dites-vous : « La méditation, ce n'est pas fait pour moi. C'est pour les gens calmes et posés. Moi, je suis quelqu'un de trop actif, je ne supporte pas de ne rien faire. »

Le doute concernant la technique en elle-même

« Je me suis trompé, ce n'est pas de la méditation qu'il me faut, mais de la relaxation ! Il faut absolument que je me trouve un super programme de relaxation en huit jours et je serai complètement débarrassé de mon stress. Et puis, après, j'essaierai certainement l'autohypnose, il paraît que cela donne aussi de très bons résultats... Eh, tiens, et si j'essayais la sophrologie ? »

Le doute concernant le choix du livre ou du CD de méditation

Vous vous dites : « Mais ce n'est pas le bon livre. Mon dieu ! Ce cahier coach pour les Nuls n'est pas fait pour moi. Je suis sûr que le dernier livre *Comment atteindre facilement le bonheur en cinq leçons* est celui qu'il me faut. » Vous vous précipitez chez votre libraire à la recherche de ce magnifique ouvrage qui viendra compléter le reste de votre collection de livres sur la méditation dont cinq sont encore en attente d'être lus.

L'agitation mentale

Vous voilà assis tranquillement sur votre coussin, vous êtes calme et paisible. Soudain, il semble que vous n'êtes pas assis dans la bonne position, votre dos n'est pas droit, vous avez chaud, vous avez froid, vous avez faim, vous avez soif, il vous manque un coussin, votre nez vous gratte furieusement, vous entendez le bruit des voisins...

Vous commencez à bouger dans tous les sens, vous vous grattez le nez, puis la joue, puis la cuisse. Vous mettez plein de coussins autour de vous, mais ce n'est toujours pas la bonne position. Vous buvez un peu d'eau mais voilà que vous avez envie d'aller aux toilettes.

Et puis, brusquement, vous ressentez une douleur dans le genou. Vous paniquez et commencez à vous dire qu'à cause de cette posture (dont vous n'avez pas l'habitude), vous avez abîmé votre ménisque. Votre ménisque est foutu ! A-t-on déjà amputé une jambe pour une lésion du ménisque ? Vous êtes à la fois en colère et paniqué. Vous maudissez la méditation !

Vous ouvrez les yeux et vous vous levez. Vous vous rendez alors compte que la douleur a disparu dès que vous avez bougé et votre ménisque va très bien. Vous avez arrêté votre méditation pour rien.

La somnolence, la torpeur ou la paresse

Vous êtes en train de méditer et vous voilà pris d'une irrésistible envie de dormir. Vous pouvez même vous endormir assis sur votre coussin sans vous en rendre compte... jusqu'à ce que vous soyez réveillé par votre tête qui tombe vers l'avant ou par vos propres ronflements. Dans ce cas, vous avez été terrassé par ce que l'on appelle la somnolence.

Un autre cas de figure possible : vous n'arrivez pas à vous concentrer, vous avez l'impression d'être dans un brouillard épais quand vous fermez les yeux. Vous ne dormez pas vraiment, mais vous ne ressentez rien quand les instructions (comme vous le verrez dans la suite du programme) vous demandent de vous concentrer sur certaines parties de votre corps. Dans ce cas, vous avez rencontré la torpeur.

Quant à la paresse... inutile de vous l'expliquer !

DE L'IMPORTANCE D'UNE PRATIQUE RÉGULIÈRE

Conseil

Soyez patient, la méditation est un entraînement mental au même titre que le sport est un entraînement pour le corps. Quand nous nous entraînons à courir, nous n'avons pas tout de suite les bienfaits de la course (le sentiment d'euphorie et le bien-être du coureur entraîné). Nous pouvons connaître des débuts difficiles : ressentir des crampes, avoir l'impression de courir trop lentement, transpirer de manière excessive, avoir des points de côté, avoir trop chaud, etc.

Il se peut que nous nous découragions et que nous ayons envie d'arrêter l'entraînement malgré notre motivation de départ. Aller courir un dimanche matin de bonne heure alors qu'on peut faire la grasse matinée sous sa couette bien moelleuse nécessite une bonne dose de détermination ! Il se peut que nous doutions même de nos capacités à nous entraîner, nous n'avons pas envie d'aller courir, nous pouvons même détester la course.

Nous pouvons déployer beaucoup d'excuses pour arrêter notre entraînement : « Je suis trop fatigué aujourd'hui pour aller courir », « Je n'ai pas le temps », « Je m'entraînerai demain », « Courir, c'est mauvais pour ce que j'ai », etc.

Tous les obstacles que nous pouvons rencontrer lors d'une activité sportive sont comparables à ceux que nous pouvons rencontrer lors de la pratique de la méditation qui est aussi un entraînement, mais mental. Nous nous entraînons à muscler notre cerveau afin de bénéficier de ses plus grands bienfaits. **Faites comme le coureur entraîné, soyez déterminé et efforcez-vous de vous entraîner, quels que soient les obstacles ou les ennemis qui peuvent apparaître.**

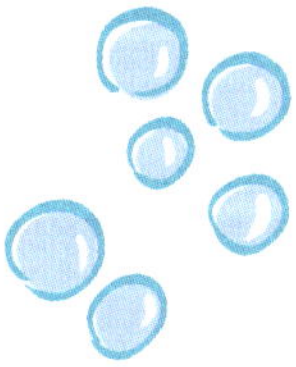

QUELQUES RECOMMANDATIONS AVANT DE COMMENCER LE PROGRAMME DE MÉDITATION

Conseil

- Méditer à l'heure où vous n'êtes pas trop fatigué, sinon vous aurez du mal à vous concentrer et vous aurez tendance à vous endormir.
- Éviter de méditer après les repas, au risque de passer votre temps à somnoler et à digérer.
- Éviter les pièces trop chaudes.
- Adoptez une posture qui vous soit la plus confortable possible et évitez de bouger ou de changer de position toutes les trois secondes. Vous ne trouverez jamais la position parfaite.
- Mettez à côté de vous une couverture au cas où vous auriez un peu froid (la méditation peut refroidir le corps), une bouteille d'eau en cas de soif et un paquet de mouchoirs (on ne sait jamais). Et maintenant, plus d'excuses possibles pour vous lever !
- Pour la gestion du temps, le mieux serait de planifier votre temps de méditation en programmant une alerte sur votre réveil ou téléphone. Vous éviterez ainsi d'ouvrir les yeux tous les cinq minutes pour regarder votre montre, ce qui perturberait votre concentration.
- Adoptez des vêtements amples et souples afin de méditer facilement et confortablement, en chaussettes ou pieds nus.
- Pour lutter contre la somnolence, vous pouvez vous passer de l'eau fraîche sur le visage et méditer les yeux mi-clos. Et si, malgré tous vos efforts, vous avez toujours envie de dormir, allez dormir sans culpabilité.
- La meilleure façon de bénéficier des bienfaits de la méditation est de ne rien attendre de ce programme. Tout le paradoxe de cette pratique est que tout arrive lorsque nous n'en attendons rien.

Restez présent et persévérant... la méditation fera le reste !

C'est parti pour 8 jours de médit-action !
Mon programme 8 Jours :
* Lundi :
- 10h : Relaxation
- 12h : méditation
- 16h : automassage
- 18h : méditation

Partie 3

Mon programme de méditation en 8 jours

Dans cette partie :

- Un programme à suivre pour 8 jours de méditation
- Balayage corporel, respiration, écouter les sons, regarder sans juger, observer ses pensées, gérer ses émotions, rester calme, être bienveillant

« Un voyage de mille lieues commence toujours par un premier pas. »

Lao Tseu

JOUR 1 – LE BALAYAGE CORPOREL (OU *BODY SCAN*)

Place à la pratique !

En pratique

- **Asseyez-vous dans un endroit confortable et calme.** Préparez-vous à méditer pendant 15 minutes. Fermez tout doucement les yeux. Adoptez une position détendue et qui incarne pour vous la dignité. Vous pouvez vous allonger sur le dos si vous le souhaitez.

- **Prenez conscience de votre corps, des pieds jusqu'au sommet de votre tête.** Vous êtes à l'écoute des sensations qui peuvent émerger quand vous allez parcourir votre corps dans cet ordre : les orteils, les pieds, les chevilles, les mollets, les genoux, les cuisses, les fesses, le bassin, le ventre, la poitrine, les bras, les mains, les doigts, le dos (de bas en haut), le cou, le visage, le cuir chevelu.

- **Concentrez toute votre attention sur chaque partie de votre corps, en étant à l'écoute des sensations qui peuvent être là ou non.** Et si vous ne ressentez rien, ce n'est pas un problème. Une fois que vous avez terminé un tour entier de votre corps de cette façon, recommencez-en un autre jusqu'à ce que votre alarme sonne (au bout de 15 minutes).

Qu'avez-vous ressenti dans votre corps pendant la méditation ?

____

____

____

Quel a été votre ressenti après cette méditation ?

Quelles ont été vos difficultés ?

Le vagabondage mental

Nous venons de commencer notre premier jour de méditation, et cela n'est pas toujours facile. Une des difficultés que l'on peut rencontrer quand on commence à méditer est le manque de concentration. Au lieu de nous connecter à notre corps, nous partons complètement ailleurs. Nous passons beaucoup de temps à penser à autre chose, à imaginer des scènes réelles ou imaginaires, parfois même à entendre une petite musique dans notre tête.

Notre esprit est ainsi parti à droite, à gauche. Et c'est tout fait normal ! C'est ce que l'on appelle **le vagabondage mental**.

Un petit singe

Souvent, on compare notre esprit à un singe qui saute de branche en branche et qu'il est difficile d'attraper. Il est donc inutile de vous inquiéter et de vous dire que vous avez mal médité, que vous n'y arriverez pas ou que vous n'êtes pas fait pour la méditation. Quand vous prenez conscience que votre esprit a vagabondé, il suffit de le ramener avec douceur et bienveillance sur votre corps, là où vous aviez l'intention de vous focaliser.

On peut lister un certain nombre de thèmes vers lesquels nos pensées peuvent partir, voici les principaux :

- **Le passé :** au cours de notre méditation, au lieu de se concentrer, on se met à penser aux dernières vacances.
- **Le futur :** avec les projets, les planifications plus ou moins à court ou long terme : « Je mangerais bien quelque chose après ma méditation, j'ai tellement faim », « Quand les enfants seront grands, il va falloir déménager ».
- **Le jugement :** « Il était tellement bizarre que j'aurais dû me méfier ».
- **Les règles que vous vous imposez :** « Je dois être à la hauteur », « Je dois aller faire des courses avant que les enfants reviennent ».
- **Les autres :** vos pensées tournent autour des autres (« Les autres sont comme ceci, comme cela »), vous avez des pensées de comparaison avec les autres (« Les autres sont mieux que moi »)
- **Soi-même :** « Je suis petit, gros, laid », « Je suis quelqu'un de gentil ».

Et bien sûr, notre esprit passe très rapidement d'un thème à un autre !

Ce que cette méditation peut vous apporter

Un retour au présent

Le moment présent est le seul temps dans lequel nous vivons et agissons. Le problème, c'est que nous restons très fugacement dans l'ici et le maintenant. Comme nous venons de l'expérimenter avec la méditation du balayage corporel, nous sommes la plupart du temps ailleurs. Notre esprit vagabonde très vite et très facilement, parfois sans que nous en ayons conscience : il part dans le passé, dans le futur ou dans le bavardage intérieur... Afin de stabiliser votre esprit et le ramener dans le moment présent, entraînez-vous sans cesse à le ramener sur votre corps et à ressentir les sensations qui peuvent être présentes ou non.

Une ancre

Utilisez votre corps comme une ancre pour guider votre esprit, qui vagabonde comme un bateau ballotté ici et là, vers son port d'attache qui est votre corps.

En étant solidement ancré dans le moment présent, vous serez beaucoup plus disponible et ouvert à vous-même et à votre vie.

Une meilleure connexion au corps

Si, dans un premier temps, vous avez du mal à ressentir les sensations corporelles, avec un peu d'entraînement, vous aller très vite éprouver une multitude de ressentis plus subtils (chaud, froid, tensions, douleurs, crispations, pulsations, vibrations, battements…)

En apprenant à mieux connaître votre corps, vous allez vous apercevoir qu'il possède une sagesse propre qui pourra vous aider dans les moments difficiles. Vous régulerez mieux vos émotions, votre stress et vos peurs. Il sera un bon indicateur de ce qui peut se passer au plus profond de vous, alors que vos pensées peuvent parfois vous tromper.

Par exemple, le stress peut se manifester dans votre corps d'abord sous forme de sensations très légères (une petite tension, de minimes contractures de la mâchoire). Si vous n'avez pas appris à vous connecter à votre corps, la plupart du temps, vous n'allez pas les ressentir. Vous laissez ainsi le stress monter de plus en plus.

Quand vous vous en rendez compte, il est déjà presque trop tard, les sensations sont déjà fortement présentes : douleur, palpitations cardiaques, boule dans la gorge, estomac noué. Le stress est déjà bien installé.

En étant davantage connecté à votre corps, vous saurez détecter les premiers signaux d'alerte et prendre les mesures nécessaires : ralentir, prendre soin de soi, se relaxer…

« Une demi-heure de méditation est essentielle, sauf quand on est très occupé. Alors une heure est nécessaire. »

Saint François de Sales

JOUR 2 – LA RESPIRATION

Place à la pratique !

En pratique

- **Asseyez-vous dans un endroit confortable et calme.** Préparez-vous à méditer pendant 15 minutes. Fermez doucement les yeux. Adoptez une position digne. La colonne vertébrale est droite et la tête est alignée dans son prolongement.

- **Concentrez-vous sur la région de votre nez et sentez l'air qui entre et qui sort de vos narines.** Vous pouvez remarquer que de l'air frais pénètre dans vos narines à l'inspiration et que de l'air plus chaud sort de vos narines à l'expiration. Il est inutile de contrôler votre respiration, laissez juste l'air entrer et sortir librement de votre corps. Vous pouvez aussi mettre une main sur votre nombril et sentir le ventre qui se gonfle lors de l'inspiration et qui s'affaisse lors de l'expiration.

Qu'avez-vous ressenti durant cette méditation ?

Qu'avez-vous ressenti après cette méditation ?

Quelles ont été vos difficultés ?

Ce que cette méditation peut vous apporter

La respiration a toujours été là, depuis notre naissance jusqu'à notre mort. Nous lui prêtons très peu attention, pourtant nous ne pourrions pas vivre sans elle. Tellement importante mais si vite oubliée !

- **Si nous prenons le temps de l'écouter, la respiration peut nous fournir de précieuses indications sur nous et nos états émotionnels.**
  Sentons la façon dont elle s'accélère et se saccade quand nous sommes en colère, haletante quand nous sommes stressés jusqu'à parfois donner une impression de manquer d'air.
  Elle peut être suspendue pendant un très bref moment quand nous sommes surpris ou effrayés, et devenir très subtile quand nous sommes proches de l'endormissement.

- **La respiration est également une ancre (comme le corps) qui nous maintient dans le moment présent.**
  En nous connectant à elle, nous entraînons notre esprit à devenir beaucoup plus stable et moins enclin à vagabonder dans le passé, dans le futur, dans les ruminations qui peuvent déclencher du stress, de la peur ou des émotions pénibles.

- **Enfin, la respiration permet de se détendre, de se déstresser et d'adoucir les tensions du corps.**

Histoire à méditer

Histoire zen

Il y avait fort longtemps, vivait un vieux moine plein de sagesse acquise grâce à des années de méditation. Un jour, il décida d'enseigner cette pratique dans son village afin que les gens puissent aussi profiter de ses bienfaits. Il était un si bon enseignant que, de partout dans le pays, on afflua pour l'écouter. Quand les gens revinrent chez eux, ils s'assirent et fermèrent les yeux pour observer leur respiration, délaissant ainsi les autres gourous (ce qui faisait vraiment désordre !) Ces derniers furent très en colère, car ils virent le nombre de disciples diminuer de jour en jour.

Alors, tous les gourous des villages environnants se réunirent et ensemble ils décidèrent de monter un complot contre ce vieux moine. Le but était de le discréditer publiquement en le provoquant. Ils souhaitaient que le vieil homme se mette en colère, lui qui prônait le calme et la maîtrise de soi. Ils attendirent un jour où il enseignait la méditation devant une grande assemblée et, au beau milieu de la foule, un des gourous bondit devant lui. Il se mit à l'insulter en utilisant des noms d'oiseaux.

Le vieux sage, très tranquillement, lui demanda : « Puis-je te poser une seule question ? »

Le gourou, surpris, lui répondit : « Quoi ?! Oui, crâne chauve, je t'écoute ! »

Et le moine poursuivit : « Que fais-tu quand tu organises une fête chez toi et qu'un invité non désiré vient t'apporter un cadeau empoisonné ? »

Le gourou rétorqua : « Mais voyons ! Tu es bête ou quoi ? Je lui demanderais de repartir immédiatement avec son cadeau ! »

Le moine, toujours très calme, lui répondit alors : « Eh bien, c'est la même chose pour toi. Je suis en train d'enseigner et tu es venu sans y être invité. Et de plus, tu m'offres en cadeau tes insultes. Alors je te demande de repartir avec ton cadeau, car je n'en veux pas. Reprends-le. »

Morale de l'histoire

Souvent dans la vie, les gens nous offrent des tas de cadeaux empoisonnés : des insultes, des remarques désagréables, des critiques injustifiées. Et que faisons-nous ? Nous les prenons, nous les acceptons en les ruminant, en les ressassant des dizaines de fois, ce qui peut faire naître en nous des sentiments pénibles comme la colère, la honte, la tristesse.

Alors, faisons comme ce vieux moine : refusons les cadeaux empoisonnés en arrêtant de ressasser les paroles ou les situations blessantes du passé !

JOUR 3 – ÉCOUTER LES SONS EN PLEINE CONSCIENCE

Place à la pratique !

En pratique

- **Asseyez-vous dans un endroit confortable et calme.** Préparez-vous à méditer pendant 15 minutes. Fermez doucement les yeux. Adoptez une position qui incarne pour vous un esprit d'éveil.
- **Prenez conscience de vos oreilles et écoutez les sons autour de vous.** Accueillez tous les sons qui peuvent survenir pendant toute la durée de la pratique (les sons qui sont sur les côtés, à gauche, à droite, en haut, en bas, devant, derrière), sans essayer de les analyser ou de vous raconter une histoire sur eux, sans aucun jugement négatif ou positif et en essayant d'écouter le plus directement possible le bruit tel qu'il est.
- **Prenez également conscience du silence entre les sons.**

Qu'avez-vous ressenti durant cette méditation ?

Qu'avez-vous ressenti après cette méditation ?

Quelles ont été vos difficultés ?

L'intérêt d'écouter les sons en pleine conscience

Apprendre à écouter les sons en pleine conscience nous fournit une bonne opportunité de nous ancrer dans le moment présent. Écouter sans aucun jugement permet de nous dégager de notre tendance habituelle à commenter, à juger, à vouloir toujours changer les choses que nous n'aimons pas : « Je déteste ce son », « C'est insupportable, je ne supporte pas ce tic-tac de l'horloge quand je médite ».

Histoire à méditer

Un jeune architecte décida de construire la maison de ses rêves. Il en conçut les plans soigneusement dans les moindres détails. Et, comme il était aussi très perfectionniste, il décida de la bâtir de ses propres mains pour s'assurer qu'elle soit bien conforme à ses envies. Il investit tout son temps libre, toute son énergie à poser chaque brique l'une après l'autre.

Mais quand la maison fut achevée, il se rendit compte que quatre briques sur un mur étaient très légèrement de travers. Quelle horreur ! Des briques de travers ! Cette pensée le hanta jour et nuit. Malheureusement, il ne pouvait plus rien y faire.

Dès lors, sa belle maison fut réduite à ces quatre malheureuses briques de travers qui l'obsédaient. Il en vint à la détester et même à en avoir honte. Il imaginait ce que ses amis pourraient penser. Oui, ils se moqueraient de lui et le jugeraient comme le plus nul des architectes. Certains se demanderaient s'il a bien obtenu son diplôme. Alors, pour éviter cela, il commença à les éviter, inventa mille excuses quand ces derniers souhaitaient visiter sa maison. Il devint triste et déprimé.

Mais un jour, alors qu'il était dans son salon, il vit par la fenêtre ses amis dans le jardin. Ils étaient venus à l'improviste et étaient en train de contempler la façade de sa maison pendant un certain temps. Aussitôt, l'architecte sortit de chez lui et vint à leur rencontre en courant, paniqué : « Non ! Non ! Ne regardez pas ma maison, il y a des briques de travers ! Elle est complètement ratée. » Mais avant qu'il pût ajouter quoi que ce soit, l'un d'eux déclara : « Ta maison est magnifique ! » L'architecte répliqua : « Mais... mais les briques de travers ?! » Son ami lui répondit alors : « Quelles briques de travers ? Ah... celles-là ? Oui, mais tout le reste est très beau. »

Morale de l'histoire

Il nous arrive aussi d'être comme cet architecte. Nous avons tendance à nous focaliser sur nos défauts et à croire que les autres pourraient nous critiquer, nous rejeter à cause d'eux. Il arrive même que nous ressentions des sentiments négatifs envers nous-mêmes comme la colère, la honte, la culpabilité. À notre manière, nous avons tous en nous quatre briques de travers.

Mais malgré ces défauts, sachons reconnaître que nous avons aussi beaucoup de qualités en nous, comme des trésors cachés. Essayons d'accepter l'imperfection de nos briques, car ce qui compte c'est que le reste de la maison est parfait.

JOUR 4 – REGARDER SANS JUGEMENT

Place à la pratique !

n pratique

- **Asseyez-vous dans un endroit confortable et calme.** Préparez-vous à méditer pendant 15 minutes. Fermez doucement les yeux. Adoptez une position détendue et qui incarne pour vous la dignité.
- **Ouvrez les yeux et parcourez lentement du regard ce qui vous entoure, la pièce dans laquelle vous êtes, le paysage devant vos yeux.**
- **Regardez autour de vous sans aucun jugement, dégagé de toute notion de beau ou de laid**, sans « juste ou injuste », sans « Cela devrait être comme ceci ou cela », sans « J'aime » ou « Je n'aime pas ». Regardez les objets comme des formes, comme une palette de couleurs, un assemblage d'éléments.
- **Puis, prenez également conscience de l'espace entre les objets.**

Qu'avez-vous ressenti durant cette méditation ?

Qu'avez-vous ressenti après cette méditation ?

Quelles ont été vos difficultés ?

Ce que cette méditation peut vous apporter

Cette méditation est une occasion d'apprendre à adoucir la tendance de l'esprit à critiquer. Souvent, nous émettons des jugements sur ce qui nous entoure : « Que ce tableau est laid ! On devrait l'enlever », « Ce rosier est tellement beau, mais dommage que personne ne s'en occupe ici. Ils sont vraiment paresseux », « Cette femme a une drôle de tête, elle ne doit pas être très sympa ».

Ces critiques peuvent nous amener vers des jugements de valeur, des interprétations qui peuvent biaiser la réalité, nous enfermer dans une vision erronée, nous empêchant d'apprécier la véritable beauté de ce qui nous entoure.

Voici un poème à méditer pour terminer cette quatrième journée de méditation :

« Si on n'a pas de désir, tout suffit.
Si l'on désire, toutes les choses manquent.
Des légumes légers peuvent guérir la faim.
Une robe de moine couvre suffisamment le corps.
Je vais seul, accompagné de cerfs apprivoisés.
Et chante haut avec les enfants du village.
Je me lave les oreilles avec l'eau sous le rocher.
Les pins du sommet me plaisent. »

Ryôkan

JOUR 5 – REGARDER SES PENSÉES

Place à la pratique !

En pratique

- **Asseyez-vous dans un endroit confortable et calme.** Préparez-vous à méditer pendant 15 minutes. Fermez doucement les yeux. Adoptez une position confortable avec le dos droit sans être raide.

- **Prenez conscience des points d'appui, là où votre corps entre en contact avec la chaise ou le sol** : le contact de votre dos contre le dossier de la chaise, les fesses sur leur support, les mains l'une sur l'autre, le pied sur le sol.

- **Connectez-vous à votre corps et aux sensations que vous pouvez ressentir.** Concentrez-vous pendant quelques minutes sur votre respiration.

- **Puis, observez vos pensées comme des bulles de savon.** Restez bien ancré dans votre corps et dans votre respiration pour les laisser passer. Si vous le voulez, vous pouvez coller une étiquette sur chaque bulle de savon : avenir, passé, jugement... avant de les laisser passer.

Qu'avez-vous ressenti durant cette méditation ?

Qu'avez-vous ressenti après cette méditation ?

Quelles ont été vos difficultés ?

____

____

____

Ce que cette méditation peut vous apporter

Souvent, nous pensons que nos pensées reflètent la réalité et que nous sommes nos pensées. Mais nos pensées ne sont que de simples bulles de savon ! Parfois, elles disent vrai, parfois elles nous racontent des histoires. C'est à nous de leur accorder ou non une valeur de vérité, de choisir lesquelles nous apportent une vision plus juste de la réalité, une meilleure confiance en nous-mêmes et en l'avenir. Laissons simplement passer celles qui déforment la réalité en induisant chez nous de la peur, du stress, de l'anxiété, du malaise, de l'inquiétude.

La méditation permet de prendre conscience de nos pensées et de choisir lesquelles nous décidons d'écouter. Des pensées naissent des actions. Si nous sommes maîtres de nos pensées, alors nous serons maîtres de nos actions. Nous serons alors plus libres de mener notre vie vers une direction qui aura plus de sens pour nous, une vie qui vaudra le coup d'être vécue pleinement !

« Hier, j'étais intelligent et je voulais changer le monde.
Aujourd'hui, je suis sage et je me change moi-même. »

Rumi

JOUR 6 – APPRENDRE À GÉRER SES ÉMOTIONS

Place à la pratique !

En pratique

- **Asseyez-vous dans un endroit confortable et calme.** Préparez-vous à méditer pendant 15 minutes. Fermez doucement vos yeux. Adoptez une position stable, la colonne vertébrale est droite mais détendue. Sentez la verticalité et l'élévation de votre corps depuis la base (votre bassin) jusqu'au sommet (votre tête).
- **Imaginez une belle montagne.** Une vraie montagne que vous avez déjà vue ou une montagne sortie tout droit de votre imagination.

- **Puis, imaginez les saisons qui passent sur cette montagne :**

  – En hiver, la montagne est toute blanche, recouverte de neige, les ruisseaux sont gelés, la nature est endormie, il n'y a pas un seul bruit.

  – Le printemps, avec la nature qui se réveille, les fleurs fleurissent de nouveau, les oiseaux reviennent faire leur nid dans les grands sapins et on peut les entendre chanter. Le dégel est amorcé et si l'on prête l'oreille, on peut entendre aussi le murmure des sources.

  – L'été avec son soleil éclatant et ses verts pâturages, il y a des randonneurs qui viennent découvrir la montagne.

  – L'automne et ses belles couleurs chatoyantes malgré ses averses de pluie et son brouillard, la montagne se prépare à accueillir l'hiver pour un nouveau cycle.

- **Imaginez ensuite le temps qui change suivant les saisons** : pluie, averse, soleil, orage, tempêtes avec bourrasques, embellies avec des éclaircies, fortes chaleurs, gels. Malgré tous ces changements climatiques, la montagne demeure, immuable et tranquille. Imprégnez-vous des qualités de la montagne, comme si vous étiez vous-même une montagne vivante. Vous êtes serein et calme dans une attitude d'acceptation bienveillante des événements, du temps, des saisons.

Qu'avez-vous ressenti durant cette méditation ?

____

____

____

Qu'avez-vous ressenti après cette méditation ?

____

____

____

Quelles ont été vos difficultés ?

Ce que cette méditation peut vous apporter

La méditation de la montagne est une métaphore très inspirante (développée initialement par Jon Kabat-Zinn) qui permet de développer une grande force intérieure. Nous nous inspirons des qualités de la montagne pour développer un esprit calme et tranquille, équilibré, équanime en toutes circonstances.

La montagne accueille tous les éléments sans vaciller, solide, immuable malgré les tempêtes violentes qui peuvent la traverser. À son image, nous pouvons traverser nos tempêtes mentales et émotionnelles comme les assauts du mauvais temps sans en faire une affaire personnelle.

Nous pouvons connaître des périodes de grandes joies, mais aussi des moments où nous pouvons vivre des tempêtes aussi bien à l'extérieur qu'à l'intérieur de nous. Des événements malheureux arrivent sans que nous les désirions et peuvent déclencher de véritables tempêtes émotionnelles et mentales. Puisons dans la force de la montagne pour affronter tous ces moments-là sans vaciller, car tout passe...

Histoire à méditer

Histoire zen

Il était une fois un très riche marchand qui avait deux fils. À sa mort, les deux fils partagèrent l'héritage équitablement. Ils découvrirent alors un petit coffre bien caché dans la maison de leur père. Ils l'ouvrirent et découvrirent un petit mouchoir en tissu qui contenait quelque chose. Ils déplièrent le mouchoir et trouvèrent deux bagues ! La première était une magnifique bague en diamant d'une valeur inestimable. La deuxième bague était en argent très simple. Le fils aîné, plein de convoitise, dit à son frère : « Je suis sûr que cette bague en diamant me revient de droit. Elle doit se transmettre de père à fils aîné. Je la prends et toi, en souvenir de notre père, prends celle en argent. » Le fils cadet, très déçu mais conciliant, accepta et prit la bague en argent.

De retour chez lui, il se mit à réfléchir : « Notre père, qui est un homme à la fois sage et rusé, a mis une simple bague en argent avec celle en diamant. Il doit forcément y avoir une raison. » Il examina attentivement la bague, la tourna dans tous les sens, et remarqua une gravure à l'intérieur : « Cela passe. »

Les années passèrent et les deux frères vécurent des hauts et des bas. Quand des événements positifs survenaient comme le beau temps, la bonne fortune, des rentrées d'argent, une rencontre amoureuse, le fils aîné était très heureux, excité, parfois exalté. Quand des choses négatives survenaient comme des problèmes de santé, des pertes financières, des revers de fortune, des problèmes sentimentaux, il était très malheureux, voire déprimé. Et durant toute vie, son moral fit des hauts et des bas en fonction des événements qui lui arrivèrent.

Quant au fils cadet, quand il vivait des situations agréables et positives, il jetait un coup d'œil à sa bague... Oh, cela passe. Alors, conscient du caractère impermanent de toute chose, il profitait encore davantage de ces moments de joie sans s'y attacher et n'avait aucun regret quand c'était fini. Et quand il dût affronter des moments difficiles, il jeta de nouveau un coup d'œil à sa bague... Oh, cela passe aussi... Il fut triste mais pas déprimé. Ainsi, grâce à la bague, il était beaucoup plus équilibré que son frère aîné.

Morale de l'histoire

Nous aussi, nous pouvons avoir notre propre bague intérieure ! Rappelons-nous juste que les instants douloureux finissent par passer et qu'il en est de même pour les moments de joie... Apprenons à garder espoir en l'avenir quand nous ressentons du chagrin et à savourer chaque minute de bonheur quand la joie éclaire notre vie.

JOUR 7 – CALME COMME UN LAC

Place à la pratique !

pratique

- **Asseyez-vous dans un endroit confortable et calme.** Préparez-vous à méditer pendant 15 minutes. Fermez doucement les yeux. Adoptez une position droite, mais détendue. Pour cette méditation, vous pouvez vous allonger dans un endroit confortable. Prenez conscience de vos points d'appui.

- **Puis, connectez-vous à votre respiration et aux sensations qui peuvent émerger ou non de votre corps pendant quelques minutes.**

- **Imaginez un beau lac.** Ce lac peut être imaginaire ou un lac que vous avez déjà vu et qui vous a inspiré. Prenez conscience du calme sous la surface, quels que soient les saisons ou le temps qu'il fait à la surface.

- **Prenez conscience de vos émotions, de vos pensées.** Pouvez-vous juste les considérer comme de simples vaguelettes qui ondulent à la surface du lac sans l'affecter en profondeur ?

Qu'avez-vous ressenti durant cette méditation ?

Qu'avez-vous ressenti après cette méditation ?

Quelles ont été vos difficultés ?

Ce que cette méditation peut vous apporter

Cette méditation, tout comme celle de la montagne, permet de puiser dans la tranquillité du lac pour prendre conscience de ses pensées et de ses émotions sans être perturbé.

Car vous êtes beaucoup plus vaste et plus grand que vos pensées ou vos émotions qui ne sont que des vaguelettes à la surface du lac, et vous êtes le lac qui contient tout sans en être débordé.

« Au printemps, les paysages se transforment à la vitesse de l'éclair, et nous ressentons chaque jour comme un jour nouveau. Faisons face aux événements avec un dynamisme toujours renouvelé. »

Une beauté zen, Paroles de moines

JOUR 8 – DÉVELOPPER LA BIENVEILLANCE ENVERS SOI

Place à la pratique !

n pratique

- **Asseyez-vous dans un endroit confortable et calme.** Préparez-vous à méditer pendant 15 minutes. Fermez doucement les yeux. Adoptez une position qui incarne pour vous la dignité, mais qui laisse aussi exprimer votre ferme intention de rester éveillé, présent et alerte aux expériences qui se déploient instant après instant.

- **Connectez-vous à votre respiration en sentant l'inspiration et l'expiration le temps de quelques bouffées d'air.** Parcourez rapidement votre corps en prenant conscience de toutes les sensations que vous pouvez éprouver.

- **Puis, essayez de vous rappeler d'un souvenir, d'une expérience au cours de laquelle vous avez été en échec et pour laquelle vous vous en voulez.**

- **Ressentez alors les émotions qui peuvent émerger : honte, tristesse, colère...** Accueillez-les toutes comme la montagne pourrait accueillir une tempête de neige aussi violente soit-elle, ou le lac avec ses vaguelettes à la surface et qui n'est pas troublé en profondeur. Vous pouvez placer une main sur votre poitrine ou sur votre cœur et sentir le contact chaud de votre main qui agirait comme une main guérisseuse.

- **Répétez-vous ces paroles :** « Personne n'est infaillible, tout le monde peut commettre des erreurs. Puissé-je être en paix, en sécurité. Puissé-je être heureux. Puissé-je être gentil et bienveillant avec moi-même et m'accepter comme je suis. » Vous pouvez répéter plusieurs fois ces phrases jusqu'à ce que vous vous sentiez apaisé.

Qu'avez-vous ressenti durant cette méditation ?

Qu'avez-vous ressenti après cette méditation ?

Quelles ont été vos difficultés ?

L'intérêt de cette méditation

Souvent, nous sommes très durs avec nous-mêmes, surtout quand nous faisons des erreurs. Nous nous critiquons, nous nous en voulons. Il arrive même que nous soyons en colère contre nous-mêmes, nous pouvons aussi nous auto-condamner, ressentir de la honte, de la culpabilité. Avec toutes ces pensées négatives, nous pouvons être malheureux, inquiets. Nous perdons confiance en nous et en notre propre estime, ce qui peut nous enfermer dans une spirale de négativité, dans une absence d'ouverture et de confiance en la vie.

Apprenez à être bienveillant avec vous-même, comme vous pourriez l'être avec un ami très cher en l'acceptant totalement, en le consolant quand il a des peines, en étant indulgent avec lui et en lui souhaitant paix, joie, sécurité et bonheur !

« Si ta compassion n'inclut pas ta propre personne, il lui manque quelque chose. »

Bouddha

LE PROGRAMME EST TERMINÉ…

Bravo, vous avez terminé ce programme en huit jours ! C'est l'heure du bilan. Prenez quelques minutes pour faire le point et réfléchir aux questions qui suivent.

Qu'est-ce qui vous a poussé à faire ce programme ?

Qu'avez-vous appris ?

Quelles ont été vos principales difficultés ?

Qu'est-ce qui pourrait vous empêcher de continuer votre pratique méditative ?

Un café sans sucre,
mais avec pleine conscience...
merci !
café

Partie 4

La pleine conscience au quotidien

Dans cette partie :

- Accueillir chaque jour avec le sourire
- Marcher, manger, se brosser les dents en pleine conscience
- Profiter de l'instant présent

LA MÉDITATION DE PLEINE CONSCIENCE DANS LA VIE DE TOUS LES JOURS

Comme nous l'avons vu précédemment lors du programme d'entraînement en huit jours, notre esprit a une très grande tendance à vagabonder, notamment dans le passé, dans le futur, dans le jugement, etc. En étant peu présents dans l'ici et le maintenant, perdus dans nos pensées, nous avons tendance à faire les choses de façon machinale, automatique sans être réellement conscients. Nous fonctionnons la plupart du temps en pilotage automatique. Combien de fois avons-nous agi mécaniquement alors que nous pensions à autre chose ?

Attention

Quand nous sommes peu conscients des expériences qui se déploient sous nos yeux, instant après instant, nous courrons le risque de ne pas vivre pleinement notre vie. Nous perdons la connexion avec nous-mêmes et avec ce qui est réellement important dans notre vie.

Si nous sommes enfermés dans nos pensées, face aux événements qui arrivent, nous aurons tendance à réagir de façon automatique, avec nos vieilles habitudes mentales, nos interprétations, nos schémas mentaux, nos conditionnements. Nous risquons alors de répéter les mêmes erreurs, sans nous rendre compte que nos possibilités sont beaucoup plus importantes que nous le pensions.

En apprenant à vivre chaque moment en pleine conscience, nous nous ouvrons à la vie, à la réalité telle qu'elle se présente. Nous apprenons à accueillir les bons comme les mauvais moments avec beaucoup plus de sérénité et de sagesse. Nous pouvons agir ou adopter une attitude plus juste face aux événements plutôt que de réagir en suivant nos vieux schémas mentaux. Ainsi, nous nous sentons plus libres et pleinement acteurs de notre vie.

Après vous être entraîné pendant huit jours à méditer assis, vous allez maintenant essayer d'étendre la méditation à votre vie quotidienne, afin de sortir du pilotage automatique pour vous ancrer dans le moment présent.

ACCUEILLIR UNE NOUVELLE JOURNÉE AVEC LE SOURIRE

Souvent, nous ne prenons pas véritablement le temps de nous réveiller tranquillement et de savourer ce moment où on laisse notre lit douillet pour une nouvelle journée plus ou moins stressante. Pour beaucoup d'entre nous, le réveil peut être brutal : nous sautons du lit et enchaînons la journée de façon effrénée pour nous coucher le soir dans notre lit, fatigués. Et nous enchaînons encore une journée de la même manière, puis une autre encore, jour après jour...

Dès le matin, nous commençons déjà à remplir notre tête de pensées, sur ce que nous devons faire ou ne pas faire dans la journée, ce qui peut provoquer en nous une petite pointe de stress. Nous ne sommes pas obligés de continuer ainsi.

Faisons en sorte que chaque jour soit un nouveau jour qui vaille la peine d'être pleinement vécu.

pratique

- **Pour débuter la journée sereinement, commencez par faire l'étoile de mer dans votre lit** : allongé confortablement sur le dos, les jambes et les bras légèrement écartés, connectez-vous à votre respiration et à votre corps.

- **Inspirez, expirez.** L'air frais pénètre dans vos narines et de l'air un peu plus chaud en ressort. Ressentez chaque partie de votre corps. Prenez conscience du contact de votre corps avec le lit, du drap contre votre peau, etc.

- **Puis, vous pouvez fermer les yeux et laissez se dessiner mentalement l'image d'un demi-sourire.** Ressentez dans ce sourire toute sa chaleur, sa bienveillance et sa sérénité, un sourire qui vous dirait : « Passe une bonne journée ! »

- **Vous voilà maintenant prêt à démarrer une nouvelle journée avec une ouverture d'esprit et un regard neuf sur ces vingt-quatre heures qui s'offrent à nous.**

L'ART DE SE BROSSER LES DENTS

La plupart du temps, pendant que notre main s'agite presque toute seule avec la brosse à dents dans la bouche, nous pensons déjà au planning de la journée, à la liste des courses à faire, aux enfants qu'il faut récupérer le soir. Un coup d'œil à notre montre, nous sommes en retard. Nous essayons alors d'accélérer les mouvements de la brosse à dents en nous demandant comment aller encore plus vite pour rattraper de précieuses minutes. Nous sommes très peu conscients de ce que nous sommes en train de faire ! Si notre corps se trouve dans la salle de bain, notre tête est bel et bien ailleurs.

Grâce à l'exercice qui suit, vous allez apprendre à rétablir l'unité entre l'esprit et le corps afin d'être pleinement présent. Vous allez vous entraîner à vous brosser les dents en pleine conscience et à faire de cette activité, que nous faisons tous en pilotage automatique, un véritable art !

En pratique

- Prenez conscience de vos gestes : une main saisit la brosse à dents alors que l'autre étale le dentifrice.
- Portez la brosse à dents à votre bouche et remarquez que votre main sait exactement où se diriger. Sentez le contact de la brosse à dents sous vos doigts.
- Puis, brossez-vous lentement les dents en étant pleinement conscient de tous les mouvements de la brosse (à droite, à gauche, en haut, en bas, à l'intérieur, à l'extérieur).
- Sentez le contact de la brosse contre votre gencive, le goût et l'odeur du dentifrice, le mouvement de la main.
- Quand vous vous rincez la bouche, prenez conscience du goût de l'eau dans votre bouche et du mouvement de votre langue.

Quels ont été vos ressentis durant l'expérience ?

Comment vous sentez-vous après cette expérience ?

SE DÉTENDRE SOUS LA DOUCHE

Le moment de la douche peut être un moment privilégié où nous pouvons nous détendre. Soyons à l'écoute de notre corps quand nous sentons la caresse de l'eau sur notre peau.

pratique

- Que pouvez-vous ressentir à ce moment ? Une sensation de chaleur, de fraîcheur, un bien-être qui vous gagne ou un regain d'énergie ? Peut-être sentez-vous vos muscles qui se relâchent et se détendent.
- Prenez conscience de tous les gestes de vos mains qui étalent le savon sur votre corps, pendant que vous sentez leurs contacts contre votre peau.
- Vous pouvez vous frotter tout doucement, avec beaucoup de bienveillance, comme une mère laverait son enfant avec amour et attention.
- Vous pouvez aussi sentir le doux parfum du savon qui exhale autour de vous ou remarquer comment la vapeur d'eau envahit progressivement la salle de bain.

Quels ont été vos ressentis durant l'expérience ?

Comment vous sentez-vous après cette expérience ?

À LA REDÉCOUVERTE DU RAISIN SEC

Nous avons tendance à manger de façon automatique, parfois en regardant la télévision, en parlant avec quelqu'un d'autre, en regardant notre tablette ou en téléphonant. Nous allons à présent nous entraîner à manger en pleine conscience en commençant avec un petit raisin sec ! Il est si petit, si insignifiant, nous en mangeons par dizaine. Nous le mangeons sans vraiment faire attention à lui, parfois noyé avec d'autres fruits secs : amandes, cacahuètes, pistaches qu'on offre au détour d'un apéritif.

En pratique

- Asseyez-vous dans un endroit calme où vous ne serez pas dérangé. Si, à un moment, vous pensez à autre chose, contentez-vous de noter où votre esprit est parti, puis revenez à l'exercice.
- Prenez un raisin sec et posez-le délicatement dans la paume de votre main. Regardez-le attentivement et prenez conscience de ses contours, de sa couleur, des plis qui se trouvent sur sa surface, des creux, des bosses, de la lumière qui peut s'y refléter.
- Prenez conscience de son poids.
- Prenez-le entre vos doigts et prenez conscience de sa texture, de sa consistance et de sa température.
- Portez-le à vos oreilles et, en le faisant très doucement rouler entre le pouce et l'index, prenez conscience du son qu'il émet (ou n'émet pas).
- Sentez son odeur en portant le raisin à vos narines.
- Frottez-le délicatement sur notre lèvre supérieure et sentez son contact contre votre peau.
- Ouvrez lentement la bouche et déposez avec attention le raisin sur votre langue, en étant bien conscient du mouvement de la main. Vous pouvez fermer la bouche en étant conscient du mouvement de la mâchoire. Ensuite, vous pouvez fermer les yeux. Sentez pendant quelques secondes le contact du raisin sur la langue.
- Mâchez le raisin très lentement, en étant conscient des saveurs, du goût et du parfum qui se dégagent dans votre bouche. Remarquez la salivation, les mouvements de votre mâchoire et ceux de votre langue.
- Quand vous vous sentez prêt, vous pouvez l'avaler en étant conscient du mouvement de la déglutition. Vous avez mangé votre premier raisin sec en pleine conscience !

Quels ont été vos ressentis durant cette méditation ?

Comment vous sentez-vous après cette méditation ?

Vos remarques :

BOIRE EN PLEINE CONSCIENCE

En pratique

- **Asseyez-vous dans un endroit confortable**, après vous être servi votre boisson préférée. Regardez attentivement votre tasse : la forme, la couleur, le contour.

- **Observez ensuite ce qu'il y a dans la tasse** : la couleur de la boisson, les reflets à sa surface.

- **Sentez l'odeur de votre boisson favorite qui monte à vos narines.** Vous pouvez fermer les yeux pour mieux la sentir.

- **Puis, en étant conscient du mouvement de votre main, saisissez votre tasse.** Sentez le contact de la peau de votre main contre la tasse.

- **Enfin, ouvrez la bouche en étant conscient du mouvement de l'ouverture de la mâchoire et buvez lentement une gorgée.** Soyez conscient du goût dans votre bouche, des parfums, des arômes et du mouvement de la déglutition.

- **Fermez les yeux et essayez de vous connecter avec les sensations dans votre corps** (des sensations agréables comme du bien-être, de la détente, de la relaxation, une douce chaleur, des frissons, etc.).

- **Observez et ressentez ces sensations sans aucun jugement, sans vous y accrocher.** Et si vous ne ressentez rien, ne soyez pas déçu. C'est juste votre expérience du moment. Vous pouvez recommencer cette expérience gorgée après gorgée et savourer votre boisson favorite en pleine conscience.

Quels ont été vos ressentis durant cette méditation ?

____

____

____

Comment vous sentez-vous après cette méditation ?

____

____

____

Vos remarques :

UN REPAS COMME UNE LEÇON DE MÉDITATION

Comme nous nous sommes entraînés auparavant avec un raisin sec et notre boisson préférée, nous pouvons essayer de manger un repas entier en pleine conscience. Il est plus facile de manger en pleine conscience quand nous sommes seuls, cela permet de mieux se concentrer sans être distraits par les autres.

Pour beaucoup d'entre nous, avec les contraintes familiales et professionnelles, les occasions de se retrouver seuls peuvent être rares. Mais il est tout à fait possible de manger en pleine conscience avec les autres avec un peu d'entraînement.

Comme nous l'avons fait avec le raisin sec, chaque fois que notre attention est dispersée ailleurs et dès que nous le réalisons, nous ramenons notre esprit sur ce que nous sommes en train de faire : mâcher, boire, prendre la fourchette...

pratique

- **Avant de commencer votre repas, connectez-vous à votre corps et vérifiez si la sensation de faim est bien présente ou non.** Vous pouvez vous poser la question suivante : « Je vais manger, mais ai-je réellement faim ? » Cela vous aidera à savoir si vous mangez parce que cela correspond à un vrai besoin de votre corps ou pour une autre raison (par habitude, pour se déstresser, pour faire plaisir aux autres, parce qu'on n'ose pas dire non, pour se remplir, par ennui, par gourmandise ou par compulsion par exemple).

- **Puis, ressentez un sentiment de gratitude pour la nature qui a fait pousser la nourriture et pour toutes les personnes, du paysan à l'artisan en passant par le cuisinier, qui ont rendu possible ce repas.** Essayez d'imaginer cette formidable chaîne depuis le germe de blé qui a poussé dans le champ du paysan grâce à la terre, la pluie, le soleil. Puis la récolte, la transformation du blé en farine par le meunier et le savoir-faire des mains du boulanger pour donner le bon pain dans votre assiette. Vous pouvez alors réaliser que vous êtes en réalité beaucoup plus interconnecté que vous le croyez.

- **Enfin, à chaque bouchée, ancrez-vous dans vos sens afin de savourer votre repas en pleine conscience.** Vous pouvez aussi marquer de temps en temps de petites pauses pour prendre conscience de votre ressenti global : sensation de bien-être général, de détente, de satisfaction ou de frustration, d'énervement, d'irritation (surtout quand le repas n'a pas été à la hauteur de vos espérances !), de ballonnements, de lourdeur, de pesanteur, d'inconforts qui sont les signes qu'il faut savoir s'arrêter.

- **N'hésitez pas à vous poser régulièrement cette question tout au long du repas : « Ai-je toujours faim ? »** Puis, connectez-vous à votre corps pour avoir une réponse juste. Ceci vous permettra d'ajuster simplement la quantité de nourriture aux besoins de votre organisme.

L'écoute bienveillante

Nous avons tendance à juger, à critiquer, à commenter, à interrompre parfois notre interlocuteur pour lui donner notre avis avant qu'il ne puisse terminer sa phrase. Il nous arrive aussi d'interpréter, de surinterpréter ses paroles, ce qui peut provoquer de véritables malentendus. Et quand nous nous ennuyons, ou quand ce qu'il nous dit nous déplaît, nous sommes susceptibles de ne plus l'écouter et de penser à autre chose. Nous nous déconnectons alors de la conversation. Et, pour ne pas le vexer, il nous arrive même de hocher la tête de façon automatique. Par toutes ces manières, nous sommes très loin de l'écouter pleinement.

Apprenez à développer l'art d'écouter en pleine conscience, avec bienveillance, sans aucun jugement, comme vous voudriez qu'on le fasse pour vous. Essayez d'être totalement présent, entièrement à l'écoute de votre interlocuteur, comme si c'était la personne la plus importante au monde et que son discours était de la plus haute importance.

- Centrez votre attention sur vos oreilles et accueillez ses paroles sans l'interrompre, même si vous avez une forte envie d'intervenir (pour poser une question, donner un avis ou protester).
- Si vous le regardez, essayez d'adopter le visage le plus neutre possible, sans faire de mimiques, afin de lui laisser la liberté totale d'exprimer son opinion sans être influencé par la vôtre. Souvenez-vous de toutes les situations où vous n'avez plus osé parler, décontenancé, car votre interlocuteur avait froncé les sourcils. Vous aviez alors interprété cette expression faciale comme un « Mais tu dis n'importe quoi ! Je ne comprends rien à ce que tu racontes. » De même, souvenez-vous des moments où vous vous êtes enflammé parce que vous aviez cru déceler des sourires d'encouragement, mais qui se sont en fait révélés être tout autre chose (de la gêne ou de la crispation par exemple).

UNE PAUSE SACRÉE DE TROIS MINUTES

N'avez-vous pas déjà eu l'impression que les choses peuvent vous échapper par moment ? Que vous êtes en train de courir dans tous les sens ? La journée vous semble alors à la fois si longue avant de pouvoir vous reposer et si courte, car vous avez tellement de choses à faire. Vous pouvez avoir la tentation de vouloir accélérer la cadence, le stress vous gagne sans que vous le sentiez, car vous êtes totalement déconnecté de notre corps. Attention : vous êtes en pilotage automatique.

Vous écoutez vos pensées qui vous disent « Vite, vite, tu as encore ceci et cela à faire, dépêche-toi ! » alors que votre corps commence déjà à envoyer quelques signaux subtils : une petite raideur de la nuque, la mâchoire légèrement contractée, la sensation de manquer d'air... Et vous continuez à courir, sans écouter la sagesse de notre corps qui, à sa façon, nous murmure tout doucement « Tu es stressé, fais une pause, prends soin de toi ». C'est ainsi que vous arrivez chez vous fatigué, avec peut-être une migraine, un mal de dos, les muscles contractés. Vous pouvez alors être irritable ou manquer de patience avec vos proches. Vous fonctionnez comme cela depuis tellement longtemps. Mais ce n'est pas une fatalité !

Conseil

Faites régulièrement des petites pauses, à différents moments de la journée. Cela vous aidera à vous connecter à vous-même. Vous pourriez ainsi être beaucoup plus alerte par rapport à vos besoins et agir plus rapidement s'il le faut, sous peine d'être gagné par le stress puis d'en subir les conséquences à long terme.

Savoir s'arrêter, se poser, vous permet aussi de prendre conscience et donc de vivre plus intensément les petits moments de bonheur de la journée. Sans cela, vous pourriez les ignorer, perdu dans vos pensées et vos soucis. À tout moment, vous pouvez vous asseoir confortablement dans un endroit calme et fermer les yeux pendant trois minutes.

- **La première minute, prenez conscience des pensées qui vous traversent l'esprit.** Contentez-vous de les observer comme de simples bulles de savon. Puis, connectez-vous à votre corps et aux sensations que vous pouvez ressentir ou non.
- **La deuxième minute, ancrez-vous dans votre respiration, dans l'inspiration et dans l'expiration.**
- **Et pendant la troisième minute, prenez conscience de votre respiration ainsi que de votre corps dans sa globalité.**

Comment vous sentiez-vous avant cette pause sacrée ?

______

______

______

Que ressentez-vous après cette pause sacrée ?

______

______

______

MARCHER EN PLEINE CONSCIENCE

Nous marchons quotidiennement, mais le plus souvent nous sommes en pilotage automatique. Pendant que nous marchons, nos pensées sont ailleurs. Nous pouvons être dans les planifications de la journée ou bien faire autre chose pendant que nous marchons (téléphoner, manger, parler avec quelqu'un, regarder une chose en particulier, etc.). Il se peut également que nous nous mettions à penser au passé ou au futur. Si ces pensées sont des souvenirs ou des projections stressantes, alors nous allons ressentir le stress monter en même temps que nous sommes en train de marcher tranquillement dans la rue. Et nous vivons ainsi le stress du passé ou du futur dans le moment présent.

Combien de moments agréables avons-nous perdus parce que nous étions ailleurs dans nos pensées et incapables de vivre dans l'instant présent ? Certainement trop ! Il est donc grand temps d'apprendre à ancrer notre esprit dans chacun de nos pas pour travailler notre capacité à rester dans l'ici et maintenant afin de profiter pleinement de la vie.

En pratique

- **Pour commencer, vous allez d'abord vous entraîner à marcher en pleine conscience chez vous**, dans un endroit sécurisant, avant de vous exercer dehors. Délimitez une ligne droite de la longueur de votre choix.
- **Tenez-vous debout, droit, la tête droite et les yeux baissés, regardant le sol.**
- **Marcher tout en étant conscient du contact du sol contre la plante de vos pieds**, de tout le déroulé quand vous posez un pied devant l'autre (la manière dont vous soulevez le pied, comment vous posez la pointe, le talon, le pied droit, le pied gauche, etc.).
- **Observez avec curiosité comment vous ressentez l'espace sous votre pied quand il est en l'air avant d'être posé,** puis le mouvement de votre jambe et le basculement de vos hanches.
- **Vous pouvez marquer une pause systématique, à chaque fois que vous arrivez au milieu de la ligne, pour vous poser les questions suivantes : où est mon esprit ?** Est-il dans mes pieds ou est-il en train de vagabonder ?
- **Quand vous constatez que vous êtes en train de vagabonder, ramenez alors votre esprit sur vos pieds, avec beaucoup de douceur et de bienveillance.**

Je marche donc je suis !

Plus vous nous entraînerez chez vous à marcher en pleine conscience, plus vous développerez votre capacité à ramener votre esprit dans vos pas à chaque fois que vous en aurez besoin.

Quel a été votre ressenti pendant la marche en pleine conscience ?

Quel a été votre ressenti après la marche en pleine conscience ?

Conseil

Si vous êtes dans la rue, la marche en pleine conscience est légèrement différente. Vous ne pouvez pas ignorer l'environnement autour de vous et marcher en ne fixant que le sol. Dans ce cas, soyez attentif à la marche et aux paysages alentours en posant sur eux un regard neuf et sans jugement.

S'ANCRER EN CAS DE TEMPÊTES

Il y a des moments de notre vie où nous pouvons nous sentir submergés par des événements difficiles : contrariétés, disputes avec son conjoint, conflits au travail, problèmes avec les enfants, tracas administratifs... la liste est longue. Nous pouvons alors ruminer, ressasser, devenir pessimistes, ressentir de la colère, de la tristesse, du désarroi, de l'inquiétude, du stress. Dans notre corps, des tensions musculaires et des douleurs peuvent surgir, ainsi qu'une grande fatigue. Nous traversons alors une tempête mentale et émotionnelle, avec parfois l'impression de ne plus pouvoir faire face, d'être démunis, d'être comme un navire qui serait ballotté par-ci par-là dans le tumulte des vagues sans aucune attache.

Grâce aux outils de la méditation de pleine conscience, vous allez apprendre à faire face aux tempêtes, à vous ancrer solidement à votre corps et à votre respiration, à attendre sereinement que l'orage passe.

Fort comme une montagne

Vous pouvez adopter la force et la sérénité de la montagne qui accueille tous les événements avec tranquillité, comme nous l'avons vu au cours de notre programme d'entraînement en huit jours. Quand vous vous rendez compte que vous êtes en train de générer des pensées de colère, de tristesse, de stress, ou de ressentir de fortes émotions, vous pouvez adopter la posture de la montagne et apprendre à accueillir vos pensées comme la montagne accueillerait le mauvais temps sans en être affectée en profondeur.

Paisible comme un lac

Vous pouvez aussi vous inspirer de l'image du lac : les pensées, les émotions, les sensations ne sont que des vaguelettes à notre surface. En profondeur, vous continuez à rester calme et serein. Vous vous contentez de les accueillir avec bienveillance, car vous êtes beaucoup plus vaste qu'elles.

En phase avec votre respiration ou vos pieds

Un autre ancrage est possible : la respiration. En cas de tempêtes mentales, émotionnelles, vous pouvez vous connecter à votre respiration jusqu'à ce que les intempéries soient passées.

Il est aussi possible de vous ancrer dans vos pieds, comme un arbre l'est avec ses racines, si vous vous sentez emporté par vos pensées ou vos émotions. Vous pouvez vous imaginer comme un grand arbre. Vos pieds seraient les racines, votre corps le tronc, votre tête le haut de l'arbre (avec ses branches et ses feuilles). En cas de vents violents, vous pouvez, comme l'arbre, rester totalement enraciné dans vos pieds, en portant toute notre attention sur le contact de vos pieds sur le sol, tandis que vous subissez les assauts de vos pensées et de vos émotions.

TERMINER LA JOURNÉE AVEC LE SOURIRE

En pratique

- **La journée est terminée et vous êtes dans votre lit. Faites de nouveau l'étoile de mer :** connectez-vous à votre corps, à votre respiration.
- **Si vous ressentez des tensions, vous pouvez imaginer une source de chaleur qui part de votre cœur et qui se propage tout le long de votre corps.** Vous pouvez imaginer qu'elle détend vos tensions et fait relâcher vos muscles.
- **Puis, essayez de vous souvenir de trois événements positifs de votre journée,** tout en prenant conscience du ressenti de votre corps (sensation de bien-être, chaleur, détente, etc.).

Histoire zen

Le secret de la sagesse

Il y a fort longtemps vivait un jeune roi. Il se demandait comment faire pour gouverner avec sagesse. Ses conseillers lui parlèrent d'un vieux moine qui vivait retiré en haut d'une montagne. Les rares personnes qui avaient eu la chance de lui parler disaient de lui qu'il avait trouvé le secret de la sagesse et de la paix intérieure. Le roi décida alors d'aller à sa rencontre.

Après plusieurs mois de recherche à travers tout le pays, il arriva enfin dans la demeure du vieux moine, située en haut d'une montagne très escarpée.

Il se présenta et lui dit : « Je t'ai longtemps cherché, car on dit que tu es quelqu'un de très sage. Aussi, j'aimerais que tu me donnes quelques conseils pour bien gouverner. »

Le vieux moine lui répondit : « Je vais te poser trois questions, une fois que tu auras trouvé ces réponses, tu connaîtras les secrets pour gouverner avec sagesse. Tu sauras prendre de bonnes décisions, être clairvoyant et lucide dans ta vie, rester calme et tranquille en toutes circonstances. »

Après un long silence, le vieux moine poursuivit : « Écoute-moi bien. Voici ces trois questions : quelle est la personne la plus importante pour toi ? Quel est le moment le plus important pour toi ? Quelle est l'action la plus importante pour toi ? »

Le roi acquiesça et, après l'avoir remercié, prit congé. De retour dans son château, il se mit à réfléchir, mais il ne trouva pas les réponses à ces questions. Il y avait tant de personnes importantes à ses yeux, qu'il ne pouvait en choisir une seule. Le moment le plus important pour lui ? Tant de moments de bonheur, mais aussi d'instants très intenses dans sa vie jusqu'ici, qu'il était impossible pour lui de répondre à cette question. Quant à l'action la plus importante pour lui : il n'en avait aucune idée.

Des années passèrent, tantôt il oublia ces questions, tantôt elles revenaient de façon lancinante pendant les nuits où, inquiet pour l'avenir de son royaume, il se demandait comment prendre des mesures à la fois sages et justes. Alors, il se résolut à retourner voir le vieux moine pour lui demander de l'aide. Et de nouveau, il entreprit un long voyage à travers tout son royaume. Enfin, il arriva chez le sage.

Quand il le vit, après l'avoir salué, il lui dit : « Je suis venu te voir il y a fort longtemps et tu m'avais posé trois questions : qui est la personne la plus importante, quel est le moment le plus important et quelle est l'action la plus importante ? Tu te souviens ? »

Le vieux moine hocha la tête.

Le roi poursuivit : « Peux-tu m'aider ? Car malgré des années de réflexion, je ne suis pas arrivé à trouver les réponses. Mon pays traverse actuellement une grande période d'instabilité et j'ai besoin de prendre de bonnes décisions, de gouverner avec beaucoup plus de lucidité. »

Le vieux sage lui répondit alors : « La personne la plus importante, c'est la personne avec qui tu es, et si tu es seul : c'est toi-même. Le moment le plus important : le moment présent. L'action la plus importante : celle que tu es en train de faire. »

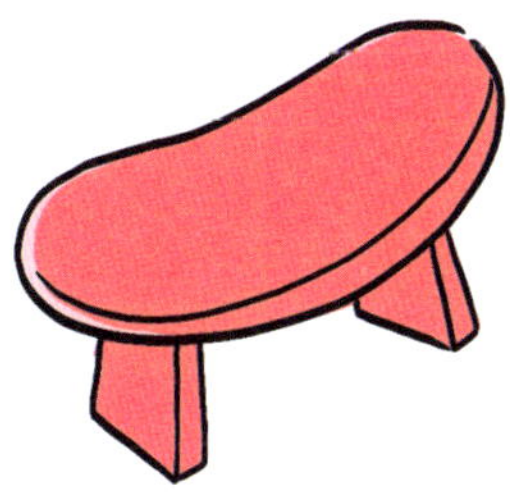

Partie 5

Poursuivre sa pratique de la méditation

Dans cette partie :

- Un plan d'attaque pour rester motivé
- Un programme de méditation personnalisé
- Vivre une existence conforme à ses valeurs

Comme nous l'avons vu, la méditation est un entraînement cérébral équivalent à la musculation. Pour profiter de ses bienfaits, il est très important de maintenir une pratique dans la durée. Un des obstacles, que nous rencontrons très régulièrement, est le manque de motivation pour maintenir notre entraînement ; or la régularité et l'assiduité sont nécessaires pour récolter pleinement les bénéfices de la méditation. Comme le dit si bien un grand maître de méditation : « Hâtez-vous lentement ». Vous devez essayer de faire tout votre possible pour rester motivé, en toutes circonstances, tel un sportif qui continuerait à s'entraîner quels que soient le temps, la saison, son envie ou son humeur. Vous trouverez dans cette partie quelques conseils pour renforcer votre motivation.

PRÉPARER UN PLAN D'ATTAQUE EN 4 ÉTAPES

Étape 1

Établissez un objectif de pratique de la méditation réalisable, précis, modéré en termes de fréquence, de durée, de temps, plutôt que des buts trop irréalistes et qui vous mettent en échec.

Par exemple : prévoir de méditer 1 h par jour alors que votre planning ne vous le permet pas. Il vaut mieux dans ce cas être réaliste et programmer 30 min tous les soirs, au moins vous serez sûr de les respecter.

Étape 2

Évaluez les avantages ou les bienfaits que peut vous apporter une pratique assidue.

Par exemple : une meilleure gestion du stress ou de vos émotions.

Étape 3

Repérez les obstacles qui peuvent se présenter sur votre chemin, le(s) ennemi(s) que vous avez rencontré(s) au cours de mes méditations.

Par exemple : la somnolence, la discipline, etc.

Que pouvez-vous faire pour le(s) surmonter ?

Par exemple : méditer tôt le matin vers 7 h pour éviter la somnolence du soir, mettre une alarme pour me rappeler mon heure de méditation, etc.

Étape 4

« Je m'engage formellement à ... ». Cette étape consiste à réécrire votre engagement en reprenant les trois étapes précédentes.

Par exemple : « Je m'engage formellement à méditer tous les soirs pendant trente minutes et si je ne réussis pas à me concentrer, car j'ai tendance à m'endormir, je méditerai plutôt le matin. »

Les études ont montré que si nous nous engageons publiquement à faire quelque chose, nous augmentons nos chances d'atteindre nos objectifs.

- Vous pouvez lire à voix haute votre engagement (rédigé lors de l'étape 4) devant une personne de confiance et bienveillante.
- Si vous ne voulez pas rendre votre engagement public, vous pouvez le lire seul à voix haute, comme si vous étiez devant votre meilleur ami. Dans cette promesse d'engagement à tenir la pratique, soyez aussi doux et bienveillant que possible envers vous-même.

Conseil

Si vous ne réussissez pas à tenir votre engagement, essayez de ne pas culpabiliser, de ne pas vous en vouloir ou vous juger négativement. Nous ne sommes pas parfaits. Vous pouvez voir cela comme une opportunité de prendre conscience qu'il y a d'autres obstacles qui peuvent apparaître au cours de votre entraînement et ainsi réfléchir à des moyens habiles pour les contourner et les résoudre.

UN PROGRAMME DE MÉDITATION PERSONNALISÉ

Après vous être engagé dans la pratique, vous pouvez établir un programme de méditation personnalisé. Au cours du cycle de méditation en huit jours, vous avez appris à vous établir graduellement dans différents types de méditations. Vous allez à présent vous faire confiance et composer votre propre planning de méditation, un planning pertinent avec des objectifs réalisables en fonction de vos besoins.

- **Vous pouvez choisir un type de méditation qui vous convient en fonction de votre état d'esprit, de votre état émotionnel, de votre humeur, des événements qui arrivent dans votre vie ou encore de votre facilité à vous entraîner dans un certain type de méditation en particulier.** Par exemple, si le balayage corporel et la respiration vous aident à gérer votre stress, vous pouvez vous entraîner dans ces deux pratiques aussi longtemps que nécessaire. Apprenez à faire confiance à votre sagesse qui sait exactement de quoi vous avez besoin.

- **Par ailleurs, n'oubliez pas qu'il est très important d'avoir une pratique assidue et régulière.** En effet, les résultats se mesurent au nombre d'heures passées à méditer. Il existerait un nombre d'heures, valable pour tous les entraînements réguliers (violon, sport), au-delà desquelles nous devenons des virtuoses (ce chiffre tournerait autour de dix mille heures). Mais la bonne nouvelle, c'est que des travaux de recherches ont montré qu'il y avait déjà une modification structurelle du cerveau après seulement sept heures de pratique ! La méditation est un véritable entraînement mental. **Plus vous vous entraînerez, plus vous en récolterez les bienfaits.**

Exemple de programme – Semaine 1

	Balayage corporel	Respiration	Méditation sur les sons, les pensées
Lundi	**Oui**		
	Remarques *30 minutes*	Remarques	Remarques
Mardi	**Oui**		
	Remarques *30 minutes*	Remarques	Remarques
Mercredi	**Oui**		
	Remarques *20 minutes*	Remarques	Remarques
Jeudi	**Oui**		
	Remarques *Mais je me suis endormi*	Remarques	Remarques
Vendredi	**Oui**		
	Remarques *J'ai réussi à bien me concentrer*	Remarques	Remarques
Samedi	**Oui**		
	Remarques *45 minutes*	Remarques	Remarques
Dimanche	Non		
	Remarques *Pas le temps*	Remarques	Remarques

La pause sacrée	Une activité de routine en pleine conscience	Manger en pleine conscience	Autres (montagne, lac, yoga)
Oui	**Oui**	**Oui**	
Remarques *3 fois par jour*	Remarques *Se brosser les dents*	Remarques	Remarques
Oui	**Oui**		
Remarques	Remarques *Marcher en pleine conscience*	Remarques	Remarques
Oui	**Oui**	**Oui**	
Remarques	Remarques *Marcher en pleine conscience*	Remarques *C'était très agréable*	Remarques
Oui	**Oui**		
Remarques	Remarques *Faire la vaisselle*	Remarques	Remarques
Oui	**Oui**		
Remarques *Cela m'a aidé à prendre du recul*	Remarques *Prendre sa douche*	Remarques	Remarques
		Oui	
Remarques	Remarques	Remarques *Très bien*	Remarques
			Oui *Yoga*
Remarques	Remarques	Remarques	Remarques *Pendant 15 minutes*

Exemple de programme – Semaine 2

	Balayage corporel	Respiration	Méditation sur les sons, les pensées
Lundi		**Oui**	
	Remarques	Remarques *10 minutes*	Remarques
Mardi		**Oui**	
	Remarques	Remarques *10 minutes*	Remarques
Mercredi	**Oui**	**Oui**	
	Remarques *20 minutes*	Remarques *30 minutes*	Remarques
Jeudi		**Oui**	
	Remarques	Remarques	Remarques
Vendredi		**Oui**	**Oui**
	Remarques	Remarques	Remarques *J'ai écouté la musique en pleine conscience*
Samedi		**Oui**	**Oui**
	Remarques	Remarques *30 minutes*	Remarques *J'ai essayé de voir mes pensées comme des bulles*
Dimanche			
	Remarques	Remarques	Remarques

La pause sacrée	Une activité de routine en pleine conscience	Manger en pleine conscience	Autres (montagne, lac, yoga)
Oui	**Oui**	**Oui**	
Remarques *3 fois par jour*	Remarques *Se brosser les dents*	Remarques	Remarques
Oui	**Oui**		**Oui** *Le lac*
Remarques	Remarques *Marcher en pleine conscience*	Remarques	Remarques *Calme la colère*
Oui	**Oui**	**Oui**	**Oui**
Remarques	Remarques *Marcher en pleine conscience*	Remarques *Difficile, beaucoup de vagabondage*	Remarques *Yoga 10 minutes*
Oui	**Oui**		
Remarques	Remarques	Remarques	Remarques
	Oui	**Oui**	
Remarques	Remarques *Cela m'a déstressé*	Remarques	Remarques
			Oui
Remarques	Remarques	Remarques	Remarques *La montagne*
Remarques *3 fois*	Remarques	Remarques	Remarques

Maintenant, c'est à vous !

Composez votre programme de méditation. Et n'oubliez pas : un programme réaliste !

	Balayage corporel	Respiration	Méditation sur les sons, les pensées
Lundi			
	Remarques	Remarques	Remarques
Mardi			
	Remarques	Remarques	Remarques
Mercredi			
	Remarques	Remarques	Remarques
Jeudi			
	Remarques	Remarques	Remarques
Vendredi			
	Remarques	Remarques	Remarques
Samedi			
	Remarques	Remarques	Remarques
Dimanche			
	Remarques	Remarques	Remarques

La pause sacrée	Une activité de routine en pleine conscience	Manger en pleine conscience	Autres (montagne, lac, yoga)
Remarques	Remarques	Remarques	Remarques
Remarques	Remarques	Remarques	Remarques
Remarques	Remarques	Remarques	Remarques
Remarques	Remarques	Remarques	Remarques
Remarques	Remarques	Remarques	Remarques
Remarques	Remarques	Remarques	Remarques
Remarques	Remarques	Remarques	Remarques

INSTAURER UN RITUEL DE MÉDITATION

Pour continuer une pratique sur le long terme, une certaine discipline et une rigueur sont nécessaires. **Il vaut mieux méditer régulièrement, un peu tous les jours, que beaucoup de temps en temps.** Il est donc important de se fixer de petits objectifs en tenant compte de vos disponibilités (horaires, planning, agenda). Une fois que ce but sera atteint, vous pourrez augmenter progressivement votre temps de méditation.

La mise en place d'un rituel peut vous aider à maintenir votre pratique dans la durée. Il peut concerner l'heure (« Tous les jours, quoi qu'il arrive, je médite à 7 h pendant 15 minutes ») ou bien l'endroit où vous avez choisi de méditer (un endroit agréable où poser votre coussin et calme de préférence). Certaines personnes incluent dans leur rituel de méditation un objet inspirant pour les aider à maintenir la pratique : galet, bougie, bol de méditation, photos, fleurs, etc.

Les rituels sont des aides qui créent une sorte « d'automatisme » et qui installent la pratique. Ils nous évitent des questions existentielles (« Je médite ou non ? », « Ai-je le temps ou non ? », « Ai-je envie ou pas ? ») qui nous pousseraient avec le temps à interrompre momentanément ou sur le long terme notre pratique de la méditation.

Conseil

Vous pouvez programmer de petites alertes tout au long de la journée pour vous rappeler de méditer.

Vous pouvez également vous inscrire dans un groupe de méditation qui se réunirait régulièrement. Dans cette démarche, engagez-vous moralement à y aller à chaque session. C'est une habitude qui pourrait vous aider à persévérer.

Pratiquer en groupe

La pratique en groupe est un élément essentiel dans le maintien à long terme de la méditation. Lorsque vous vous entraînez seul chez vous, vous pouvez avoir tendance à vous décourager, surtout si personne autour de vous ne pratique. Méditer avec les autres est une aide précieuse qui soutient votre pratique individuelle. Il est plus facile de courir en groupe un matin froid et pluvieux que seul. Il existe des journées et week-ends de méditation organisés par de nombreuses associations. Ce type d'initiative est un partage très précieux qui vous permet de réaliser un travail plus en profondeur. Méditer seul 15 minutes par jour est une expérience différente d'une pratique en groupe pendant tout un week-end.

Par ailleurs, la méditation requiert un entraînement formel avec un temps dédié exclusivement à cette pratique, mais la pratique ne devrait pas se cantonner exclusivement au coussin. Toutes les occasions devraient aussi nous aider à progresser dans notre pratique méditative, ce sont des temps de pratique informelle. Ainsi, la rencontre des autres participants dans un groupe avec les singularités de chacun vous permet de développer de précieuses qualités : la patience, la tolérance, la bienveillance, l'équanimité, le non-jugement, surtout quand l'autre vous irrite ou vous ennuie. Dans le cadre sécurisant et tranquille d'un groupe de méditants, vous pouvez apprendre à reconnaître votre agitation intérieure : jugements, pensées, émotions… sans pour autant réagir comme vous avez l'habitude de le faire si souvent.

Les retraites de méditation

Les retraites de méditation sont des séjours proposés aux méditants et qui durent de quelques jours à une semaine, voire plus. Toutes les conditions sont réunies pour permettre aux participants de se concentrer essentiellement sur la pratique de la méditation, de façon formelle et informelle.

Les retraites fournissent une excellente occasion de faire un vrai travail en profondeur car elles nous dégagent des sollicitations de notre vie quotidienne. La plupart du temps, nous sommes entraînés par les préoccupations de la journée, les soucis, les planifications, le travail, la famille, nous délaissons notre jardin intérieur et nous oublions de prendre soin de nous. Durant le temps d'un stage de méditation, nous faisons une pause, nous nous retirons du monde. À travers la méditation, nous créons un espace intérieur où nous pouvons observer tout ce qui peut se jouer en nous. De cet accueil, il en naîtra une plus grande clarté et une sérénité intérieure. Et quand le séjour s'achèvera, nous repartirons chacun dans notre vie avec un regard neuf, un esprit frais imprégné de plus de bienveillance, d'espoir et d'optimisme.

Méditer en famille

La méditation en famille peut être un bon moyen pour poursuivre la pratique. Pourquoi ne pas faire découvrir la méditation à votre partenaire, vos enfants ou vos amis ? En méditant avec vos proches, vous tissez des liens cultivés par la pleine conscience : l'acceptation, la bienveillance, le calme intérieur, le non-jugement, la non-réactivité. Certaines études scientifiques ont d'ailleurs montré que la méditation améliore les relations au sein du couple.

Se ressourcer dans la nature

Méditer dans la nature peut se révéler une expérience d'une extraordinaire richesse, susceptible de renforcer votre pratique quotidienne. Choisissez un endroit calme et tranquille pour méditer : en face d'une montagne, dans un pré, sur une plage, près d'une source, dans un bois...

S'asseoir dans la nature loin des tumultes de la ville, faire une pause, écouter le chant d'un oiseau, contempler un ciel étoilé, sentir l'odeur de la terre, caresser l'herbe sous vos pieds, goûter une fraise sauvage sont de magnifiques occasions pour vous connecter à vos sens et au plaisir du moment présent. L'observation de la nature en elle-même est une source inspirante qui peut enrichir votre pratique méditative.

Comme nous l'avons vu, il existe d'ailleurs beaucoup de méditations qui utilisent des métaphores reliées à la nature pour vous apprendre à gérer vos émotions et vos pensées : vous pouvez être une montagne bien ancrée sur son socle, massive et tranquille. Vous accueillez les tempêtes intérieures comme la montagne accueillerait les assauts du temps sans en faire une affaire personnelle. À d'autres moments, vous êtes un lac qui n'est pas affecté en profondeur par les vaguelettes à sa surface. Et si l'image d'un arbre vous inspire, vous pouvez être comme lui, bien solide dans son ancrage, dans le corps qui vous retient, quelle que soit votre météo intérieure.

Quels sont les lieux qui vous inspirent ?

Que ressentez-vous lorsque vous méditez dans ces lieux ?

UNE VIE CONFORME À VOS VALEURS GRÂCE À LA MÉDITATION

Imaginez : vous voyagez sur un grand voilier, comme les grands bateaux d'autrefois. Au cours de ce voyage, vous êtes confronté à des temps variables : beau temps et grand soleil, pluie et mer houleuse, tempêtes avec des vents violents et une mer très agitée.

Que se passerait-il si, au départ de votre voyage, vous n'aviez prévu aucune destination, aucun port d'arrivée, et que vous n'aviez même pas d'ancre à votre bateau ? S'il n'y a aucun vent, vous allez stagner ; en cas de tempêtes, vous serez ballotté ici et là, au gré des vagues et du vent. Sans aucun but ni aucune ancre pour vous retenir, vous risquez d'errer au fil de l'eau, perdu et soumis aux aléas du temps et de la mer.

De la même manière, votre vie n'est-elle pas comparable à un long voyage en mer ? Au cours de cette traversée, vous pouvez rencontrer des moments lumineux comme la naissance d'un enfant, une réussite professionnelle, une rencontre amoureuse, etc. Vous ressentez alors de la joie, du bonheur, de l'allégresse. Tous ces moments sont semblables au beau temps. Mais vous pouvez aussi connaître des revers de fortune à d'autres moments de votre existence, de mauvaises nouvelles, des ennuis de santé, une séparation. Dans ce cas, vous éprouvez des émotions désagréables comme de la tristesse, de la colère, de l'injustice. Ceci peut ressembler fortement à une traversée en pleine tempête avec des vents violents et une mer agitée. Si vous n'avez aucun but dans la vie, tout comme un bateau sans destination ni ancre, vous risquez aussi d'errer ici et là, au gré des circonstances malheureuses ou heureuses de votre vie, de vos émotions, de votre humeur du moment, de votre réactivité.

Imaginez maintenant que vous êtes sur le même vaisseau mais avec une bonne carte maritime et tout le matériel nécessaire pour s'amarrer quand il le faut. Et vous savez exactement vers quel port vous voulez arriver. Votre voyage ne serait-il pas plus tranquille et sécurisant ? Beau temps ou mauvais temps, vous gardez toujours le cap ! De même dans votre vie, essayez d'avoir une idée de la direction vers laquelle vous voulez aller en vous reliant à ce qui est vraiment important pour vous (vos valeurs) pour garder votre orientation en toutes circonstances.

Définissez vos valeurs

En pratique

- **Asseyez-vous et fermez les yeux.**
- **Imaginez que vous êtes assis devant une personne très âgée pleine de sagesse, et que cette personne… c'est vous !** Vous êtes dans votre grand âge. Quels sont les conseils que cette personne âgée vous donnerait ? Soyez audacieux, laissez-la parler longtemps.

Notez tout ce que cette personne vous dit :

Les conseils que vous avez notés devraient déjà vous donner une première idée de ce qui est important pour vous, vos valeurs. Les valeurs sont très personnelles et propres à chaque individu. Par exemple, une personne accordera beaucoup d'importance à ses amis, une autre à sa famille et à ses loisirs.

Les amis et les relations sociales

L'amitié peut être une forte valeur. Nos amis représentent parfois une part de nous-mêmes. Nous pouvons avoir des amitiés fortes, anciennes, récentes, légères, superficielles. Certains ont beaucoup d'amis, d'autres les comptent sur les doigts d'une main.

Quel genre d'ami voulez-vous être ? Quel type de relation avez-vous envie d'entretenir avec les autres ?

Par exemple : J'ai envie d'être un ami présent, j'ai envie d'une relation de soutien avec mes amis.

Comment pourriez-vous y arriver ? Comment la méditation pourrait-elle vous aider à tendre vers ce but ?

Par exemple : « Je vais me libérer davantage de temps pour être avec eux. Et pour m'engager dans une relation de soutien, je vais essayer de ne pas les juger et d'être bienveillant (développer l'esprit de non-jugement et pratiquer l'écoute bienveillante) ».

____

____

____

Le couple, les relations amoureuses, le mariage

Les relations qui nous lient à notre partenaire sont importantes pour notre équilibre et notre bonheur. Mais vivre avec un(e) autre n'est jamais facile. Nous pouvons traverser des instants de joie mais aussi des périodes difficiles, des hauts et des bas. Posez-vous pendant quelques instants pour vous interroger sur les valeurs que vous souhaiteriez cultiver dans votre couple.

Quel genre de relations aimeriez-vous instaurer dans votre couple ?

Par exemple : Des relations de complicité et de connexion avec mon partenaire.

Comment pourriez-vous y parvenir ? Comment la méditation peut-elle vous aider ?

Par exemple : Quand je suis en sa présence, j'essaie de couper mon portable, pour être vraiment présent avec l'autre. Je prends conscience de ses ressentis et des miens.

Les enfants

Nous aimerions secrètement être des parents parfaits : disponibles, fermes, calmes, attentifs, sécurisants. Et en retour, nous rêvons d'enfants tout aussi parfaits : sages, obéissants, intelligents, sportifs, tranquilles, brillants, heureux. Mais la réalité est plus nuancée. Le fossé peut être grand entre ce que nous sommes et ce que nous aimerions être, entre ce que nos enfants sont et ce que nous aimerions qu'ils soient.

Alors, il nous arrive de culpabiliser, d'être en colère, d'avoir honte de ne pas être le parent idéal, d'autant plus qu'il arrive parfois de ressentir des émotions contradictoires envers nos propres enfants. Pour faire la part des choses et garder le cap en toutes circonstances, il est important de se connecter à ses valeurs familiales.

Quel genre de parent souhaiteriez-vous être pour vos enfants ? Quel type de relation aimeriez-vous avoir avec eux ?

Comment pourriez-vous y arriver ? De quelle façon la méditation peut-elle vous aider à être sur ce chemin ?

Le travail, la carrière

Nous passons beaucoup de temps à travailler. Le travail peut être une passion pour certains, mais pour d'autres, il s'agit juste d'une nécessité économique. Quand nous travaillons sans nous connecter à nos véritables valeurs, notre emploi peut être vécu comme aliénant. Essayons de prendre conscience de ce qui fait vraiment sens pour nous quand nous travaillons.

Qu'est-ce qui est important pour vous dans le travail ? Quel genre de personne souhaiteriez-vous être au travail ?

Comment pourriez-vous devenir cette personne ? Comment la méditation peut-elle vous y aider ?

Les loisirs, le temps libre

Avoir du temps libre nous permet de pratiquer des loisirs en tout genre (seuls ou en groupe), ou de nous reposer tout simplement et ne rien faire en particulier. Prenez conscience de ce qui compte pour vous pendant ce temps de détente.

Qu'est-ce qui est important pour vous dans les moments de loisirs ?

____

____

____

Comment la méditation pourrait-elle vous y relier ?

____

____

____

La spiritualité

Quand on parle de spiritualité, on peut faire référence à la religion, ou tout simplement au fait de croire en une puissance qui nous transcende et nous dépasse. Nous pouvons être très croyants et avoir foi en un dieu ou nous pouvons tout simplement développer une certaine spiritualité dans notre vie.
Que vous apparteniez à une religion ou que vous adhériez à une spiritualité laïque, arrêtez-vous pendant quelques minutes pour réfléchir à ce qui fait sens pour vous dans cette valeur.

Qu'est-ce qui est important pour vous dans la spiritualité ?

____

____

____

Comment pouvez-vous l'approfondir ? Comment la méditation pourrait-elle vous y connecter ?

____

____

____

CULTIVER LE BONHEUR GRÂCE À LA PLEINE CONSCIENCE

Le bonheur est un état de satisfaction et de plénitude. S'il est vrai qu'il résulte de notre code génétique et de notre environnement culturel, sachez qu'il dépend aussi entièrement de nous !

Il a été prouvé que notre cerveau a une propension plus grande à retenir les événements négatifs plutôt que les événements positifs. Certains avancent même l'hypothèse que cette faculté a été utile à notre ancêtre l'homme des cavernes pour survivre dans un environnement hostile où il était menacé par les prédateurs. En effet, être capable de repérer les dangers est un atout majeur, surtout quand on vit dans un monde dangereux. Mais à notre époque, conserver cette capacité n'est plus vraiment utile. Au contraire, cela peut nous rendre victimes de ce fonctionnement : retenir uniquement les événements négatifs d'une journée nous cause des états de stress importants et une baisse de moral.

Conseil

Essayez donc de cultiver votre propension au bonheur grâce à la méditation ! Pour cela, vous pouvez tenir un carnet du bonheur qui va vous apprendre à regarder la vie sous un angle plus positif, plus heureux. Vous reprogrammez votre cerveau pour regarder la vie du bon côté. En écrivant régulièrement dans votre journal, vous pourrez alors réaliser que votre journée regorge de petits moments heureux : le chant d'un oiseau, la chaleur des premiers rayons du soleil, un bon café chaud... **Le bonheur est à votre portée, il est à la fois si simple et si ordinaire !**

S'ouvrir à la vie

Avec la pleine conscience, vous vous connectez plus fortement à votre corps, à vos sensations, à vos émotions, ce qui vous rend plus en mesure de les vivre pleinement. De cette manière, vous vous ouvrez à la vie, à tout ce qui est beau et lumineux, plutôt que de vous laisser enfermer dans le négatif.

Exemple de carnet du bonheur :

Expérience de la journée	Une amie m'a fait un compliment ce matin	
Pensées que j'ai eues	Elle est vraiment gentille	
Émotions que j'ai ressenties	Joie, fierté Gratitude	
Ressentis corporels	Légèreté, sensation de détente Sourire aux lèvres	
Remarques		

CULTIVER LA GRATITUDE

La gratitude est la capacité à témoigner de la reconnaissance envers une personne pour un bienfait reçu — qu'il soit matériel (prêt d'un objet par exemple) ou immatériel (service rendu, gentillesse, aide apportée).

Il semblerait que développer un sentiment de gratitude nous apporte beaucoup de bénéfices : bien-être, meilleure qualité de sommeil, diminution du stress, plus d'optimisme pour l'avenir, etc. En cultivant la gratitude, nous cultivons notre capacité à nous centrer sur les événements positifs de notre vie : nous attirons notre attention sur des souvenirs, des pensées agréables en lien avec les personnes qui nous ont rendu service. En ressentant ce sentiment, nous créons en nous un espace où nous pouvons éprouver d'autres sentiments agréables qui accompagnent la gratitude, tels que la gentillesse, la chaleur, la bonté, la délicatesse, l'attention, l'effort de l'autre ou la bienveillance.

Dans ce mouvement vers l'autre, nous apprenons à nous connecter avec nos semblables dans ce qu'il y a de bon et de lumineux en eux et ainsi, une ouverture de cœur à cœur apparaît. Et, en miroir, nous pouvons aussi être amenés à rendre service à notre tour. Imaginez la joie, le soulagement, la gratitude que vous pourriez recevoir en retour ! Tous ces mouvements de connexion à l'autre brisent le sentiment de solitude, d'enfermement, de peur et de méfiance qui peuvent nous amener vers le désespoir, la honte, la tristesse, le rejet... D'ailleurs, l'anthropologue Marcel Mauss explique dans son livre *Essai sur le don* que le lien social est construit sur la relation : donner/recevoir/rendre.

n pratique

- Asseyez-vous dans un endroit calme et confortable.
- Fermez les yeux et prenez quelques minutes pour vous connecter à votre respiration.
- Souvenez-vous d'un moment où quelqu'un vous a rendu un service. Cela peut être un petit service comme vous tenir la porte ou remplir votre verre d'eau.
- Enfin, connectez-vous avec les ressentis, les sensations et les émotions qui peuvent apparaître en vous.

Merci la vie !

Quel était ce souvenir ?

Quelles pensées avez-vous eues ?

Qu'avez-vous ressenti à l'évocation de ce souvenir (émotions, sensations corporelles) ?

Aimeriez-vous dire quelque chose à cette personne ?

« La méditation n'est pas une évasion,
mais une rencontre sereine avec la réalité »

- Thich Nhat Hanh

Partie 6

La partie des Dix

Dans cette partie :

- 10 qualités cultivées en méditation
- 10 bienfaits de la méditation
- 10 idées reçues sur la méditation

10 QUALITÉS CULTIVÉES EN MÉDITATION

Nous avons tous en nous de vastes potentiels, mais nous l'ignorons par méconnaissance et par manque de discernement. L'entraînement à la méditation nous permet de prendre conscience que nous avons de précieuses ressources enfouies et de les développer afin de vivre une vie plus sereine et conforme à nos valeurs. **Quand nous méditons, nous cultivons dans notre jardin intérieur de précieuses qualités qui nous seront très utiles à tout moment de notre vie.**

1. Le lâcher-prise

La plupart des gens ont tendance à vouloir tout contrôler, tout maîtriser. C'est pourquoi ils essayent de prévoir, de planifier ou d'anticiper. Quand les événements ne se passent pas comme prévu et leur échappent (et c'est souvent le cas !), ils deviennent stressés et inquiets.

Attention

Pour développer le lâcher-prise, il est important de ne rien attendre de la méditation. Ne cherchez pas à en obtenir quelque chose (résultats, performances ou buts à atteindre). Lâchez tout cela. Évitez la recherche d'un résultat, en particulier la relaxation en contrôlant par exemple votre respiration. Si vous expérimentez des états agréables, ne vous y cramponnez pas et si vous ressentez des sensations désagréables, ne faites rien non plus pour les repousser. En étant dans la pure observation et dans le ressenti, en ne réagissant pas, vous apprendrez enfin à lâcher prise.

2. L'effort juste

En méditant, vous vous entraînez à sortir du vagabondage mental en ramenant volontairement et avec application votre attention sur le corps, sur la respiration. Vous déployez autant d'endurance et de témérité que le ferait un sportif au cours de son entraînement.

3. Le courage

Pour s'engager sur la voie de la méditation, il faut beaucoup de courage, car vous essayez de sortir de votre mode de fonctionnement habituel, de sortir de vos zones de confort pour apprendre une pratique que vous ne connaissez pas. Et avec la pratique, vous acceptez avec courage de faire un état des lieux de vous-même. Vous regardez en face vos pensées, vos émotions (même les plus désagréables, les plus terrifiantes, les plus honteuses) pour prendre conscience que ce ne sont que des phénomènes transitoires qui passent.

4. La persévérance

Jour après jour, vous avez persévéré dans votre pratique malgré les ennemis qui vous ont peut-être assailli : l'aversion, les tentations, le doute, la somnolence, l'agitation... Vous avez continué à méditer malgré les douleurs, les positions inconfortables. Vous avez cultivé au fil du temps patience et ténacité.

5. La bienveillance

Nous avons l'habitude d'être exigeants avec nous-mêmes, voire durs. Nous voudrions tellement être parfaits ! Mais voilà, nous ne le sommes pas. Nous pouvons commettre des erreurs, échouer à certains moments de notre vie. Alors, nous pouvons nous critiquer, nous en vouloir, nous dire que nous ne sommes pas à la hauteur. Nous ressentons des émotions désagréables comme de la colère, de l'amertume, de la tristesse, voire de la culpabilité. Par cette attitude, nous devenons notre propre pire ennemi.

Grâce à la méditation, vous pouvez cultiver la bienveillance et la douceur en prêtant attention à votre propre personne, comme si vous étiez votre meilleur ami et non votre pire adversaire. Vous essayez de prendre soin de vous, en vous souhaitant d'être heureux, en paix, en sécurité, comme nous l'avons vu lors de la méditation sur la bienveillance. Vous cultivez la gentillesse envers vous-même.

De même, quand vous ramenez votre esprit avec gentillesse et douceur sur votre corps ou sur votre respiration sans vous critiquer, sans vous juger négativement (car vous manquez de concentration par exemple), vous cultivez aussi la bienveillance. Une fois habitué à être bienveillant envers nous, vous pourrez pratiquer des méditations qui consistent à envoyer de la bienveillance et de l'amour à autrui.

6. Le non-attachement

Il est fréquent et commun de vouloir attirer vers soi les choses que l'on désire et que l'on aime. Nous déployons alors beaucoup d'efforts pour les garder. Nous avons tendance à nous y agripper. Prenons l'exemple d'un objet auquel vous tenez beaucoup. Vous le gardez très précieusement, peut-être même le rangez-vous dans un tiroir pour que personne ne puisse l'abîmer. Mais que se passerait-il si vous le cassez, le perdez ou l'endommagez ? Il se peut que vous ressentiez toute une gamme d'émotions très fortes (colère, tristesse, culpabilité, déception, amertume) qui vous fait perdre votre sérénité intérieure. Vous ressentez de manière forte ces émotions car vous êtes attaché à cet objet et que vous avez tout fait pour le garder intact, le conserver tel qu'il est.

Malheureusement, il est rare dans la vie (voire impossible) de trouver quelque chose qui demeure identique. Tout change, que ce soit les personnes, les événements, les objets qui finissent aussi par s'user, se détériorer, s'abîmer avec le temps. Tout est impermanent. Si nous développons un fort attachement à ce qui est impermanent, nous finirons par beaucoup souffrir.

La méditation, en vous encourageant à ne pas vous agripper aux sensations agréables (qui, de toute façon, finissent par changer aussi), vous aide à développer votre capacité au non-attachement. Vous êtes ainsi plus serein face aux changements de la vie.

7. L'équanimité

Notre esprit est très réactif lorsqu'il s'agit du désir, de l'agrippement et de l'aversion. En effet, nous essayons de retenir les choses, les événements, les personnes que nous aimons ou apprécions, et nous faisons tout pour repousser ou éviter ceux que nous détestons. Malheureusement, dans beaucoup de situations, ce que nous avions prévu n'arrive pas et ce que nous redoutions survient quand même. Ainsi, nous perdons notre équilibre mental et notre paix intérieure quand nous voulons à tout prix suivre notre désir ou notre aversion.

Par le biais de la méditation, vous entraînez votre esprit à rester serein et équanime en toutes circonstances, notamment quand vous essayez de ne pas réagir aux sensations désagréables ou agréables. Quand vous vous asseyez en silence en essayant juste de prendre conscience et de ressentir vos sensations quelle que soit leur nature (agréable, désagréable ou neutre), sans intervenir, sans réagir, vous entraînez votre esprit à être moins réactif. Vous sortez du mode habituel désir/aversion, en essayant de ne pas vous cramponner aux sensations agréables de bien-être, relaxation ou détente. Vous vous contentez de les noter sans intervenir délibérément pour les entretenir. Et quand vous ressentez des sensations désagréables, vous essayez d'appliquer le même état d'esprit : vous les notez, vous les observez avec curiosité sans essayer de les faire partir.

8. La confiance

La pratique de la méditation permet de développer une grande confiance en soi. En effet, quand vous acceptez de regarder ce qu'il y a au plus profond de vous, sans avoir peur, sans éviter ni fuir, vous cultivez une grande force intérieure. Et étant plus confiant, vous pouvez avoir une plus grande confiance en l'autre et, par extension, en la vie elle-même.

9. L'acceptation

Au cours de notre vie, nous pouvons traverser des moments difficiles, voire douloureux. Des événements contrariants, que nous ne voulons pas subir, arrivent indépendamment de notre volonté. Alors, nous nous révoltons, nous luttons. Nous éprouvons de la colère, peut-être même un sentiment d'injustice. Nous nous épuisons contre quelque chose que l'on ne peut pas changer.

L'attitude la plus sage serait d'accepter plutôt que de nous fatiguer dans une lutte stérile dont nous sortirions de toute façon perdants. L'acceptation n'est pas de la résignation passive. C'est un acte volontaire visant à accueillir avec bienveillance les choses qu'on ne peut pas changer. L'acceptation est un premier pas pour cultiver la paix intérieure, elle nous permet de nous connecter à nos propres valeurs.

En vous entraînant au cours de votre méditation à accueillir patiemment les sensations désagréables sans les éviter, sans les juger, sans vouloir les modifier et en les laissant passer, vous cultivez votre capacité d'acceptation.

La maison d'hôte

Voici un poème du grand poète et mystique soufi Rumi datant du XIIIe siècle qui parle très bien de l'acceptation.

L'être humain est comme une maison d'hôtes
Chaque matin, une nouvelle arrivée

Une joie, une dépression, une mesquinerie
Un moment de pleine conscience qui arrive
Comme un visiteur inattendu

Accueille-les et reçois-les tous !
Même s'ils sont une foule de chagrins
Qui balaye violemment ta maison
La vide de son mobilier

Continue à traiter chaque hôte honorablement
Ils sont peut être en train de te vider
Pour faire place à de nouveaux délices

La pensée sombre, la honte et la malveillance,
Accueille-les à la porte en souriant
Et invites-les à rentrer

Sois reconnaissant pour quiconque arrive,
Car chacun d'eux a été envoyé
Comme un guide venu d'ailleurs

10. L'esprit du débutant

Nous avons souvent l'habitude de regarder le monde à travers nos idées, nos pensées. C'est comme si nous avions un filtre qui déformait plus ou moins la réalité. Ainsi, nous interprétons et jugeons le monde à travers ce filtre. Souvenez-vous des moments où vous vous êtes engouffré dans des jugements erronés sur des personnes ou des situations par exemple. Dans ces moments-là, vous avez perdu l'ouverture sur la vie, vous vous êtes fermé dans votre réalité qui est peut-être biaisée et fausse avec une vision parcellaire. Vous pouvez même perdre la connexion avec la réalité, enfermé dans un scénario de pensées, d'idées, de croyances.

En méditant, vous apprenez à développer un regard empreint de curiosité, comme peuvent le faire les enfants qui découvrent le monde. En cultivant un esprit neuf sur la vie, vous pouvez accueillir chaque jour avec ouverture et fraîcheur. Ainsi, vous pouvez envisager la vie comme une expérience riche d'aventures qui mérite pleinement d'être vécue et où vous pouvez laisser s'épanouir toutes vos potentialités.

10 BIENFAITS DE LA MÉDITATION

Depuis plusieurs dizaines d'années, la science s'intéresse à l'impact de la méditation sur le cerveau et le corps. On parle même de sciences contemplatives. En 1980, l'organisation « Mind and Life Institute » a été créée, sous l'impulsion du Dalaï-lama. Son objectif est l'étude de la méditation par le biais des neurosciences. Les rencontres organisées dans ce cadre donnent la possibilité aux scientifiques (médecins, chercheurs, psychologues) de dialoguer avec des personnes ayant une longue pratique de la méditation. Ces échanges ont permis de mettre en place de très nombreux programmes de recherche en neurosciences et les résultats ont montré de réels bénéfices positifs sur la santé, aussi bien dans le domaine psychologique que médical.

1. Une diminution du stress

En 1982, le Pr Jon Kabat-Zinn a mis au point un programme de réduction du stress basé sur la méditation de pleine conscience ou MBSR (*Mindfulness Based Stress Reduction*). Il s'agit d'un programme de méditation intensif en huit semaines incluant des pratiques de yoga. De nombreuses études ont montré une amélioration notable du stress chez les participants qui ont pu bénéficier de ce programme, ainsi qu'une meilleure qualité de vie et un bien-être psychologique augmenté. Sur le plan biologique, il a été constaté une baisse du taux de cortisol (l'hormone du stress) dans le sang.

2. Une diminution de la rechute dépressive et une amélioration de l'anxiété

La dépression est un problème de santé publique. Elle touche 300 millions de personnes dans le monde selon l'Organisation mondiale de la santé (OMS). Les personnes qui ont connu un épisode dépressif présentent un risque de rechutes dépressives élevé et ce risque augmente davantage à chaque rechute. Mettre en place des plans d'action, afin de prévenir les rechutes dépressives, devient donc un enjeu majeur de santé publique.

Dans ce contexte, un programme de méditation associé à de la psychologie cognitive a été mis en place par le Pr Zindel Segal et son équipe : *Mindfulness Based Cognitive Therapy* (MBCT). Les résultats sont très encourageants : le taux de rechute dépressive a diminué chez les participants qui ont participé au programme MBCT, par ailleurs, ils décrivent une diminution des ruminations, de l'insomnie, de la tension et une augmentation de la concentration, de l'optimisme, de la compassion, de la qualité de vie. De même, la méditation permet une amélioration de l'anxiété.

3. Une meilleure régulation des émotions

En s'entraînant à accepter toutes les sensations, les ressentis, les émotions même les plus douloureuses, la méditation permet une meilleure gestion émotionnelle. En effet, au lieu de fuir les émotions désagréables, ou de se laisser submerger par elles, on s'entraîne à les laisser simplement évoluer sans intervenir. Tout ceci va permettre une meilleure acceptation des ressentis désagréables, une diminution des ruminations mentales, pour une meilleure capacité à prendre conscience des émotions agréables.

Il a été montré par des techniques d'imagerie cérébrale que l'amygdale cérébrale (petite structure située dans le cerveau et impliquée dans la régulation des émotions) était moins activée chez les méditants malgré de fortes stimulations émotionnelles. L'amygdale était moins réactive, signe d'une certaine stabilité émotionnelle malgré les événements extérieurs.

4. Un renforcement des défenses immunitaires

Les travaux de recherche de ces dernières années ont mis en évidence une interaction entre l'esprit et le corps. La communication se fait dans les deux sens : l'esprit influence le corps et le corps influence l'esprit. Ainsi, il a été montré qu'il existe une relation entre le cerveau et le système immunitaire qui a pour fonction de protéger le corps contre les attaques infectieuses en produisant, par exemple, des anticorps.

Quand nous faisons l'expérience d'un stress trop intense ou trop prolongé dans le temps, la communication entre le cerveau et le système immunitaire est perturbée, ce dernier devient moins efficace, et nous sommes susceptibles de tomber plus facilement malades.

Chez les méditants, la diminution du stress influencet la production d'anticorps – en l'augmentant significativement –, ce qui favorise un renforcement de leur système immunitaire.

Une expérience a prouvé qu'il y avait une augmentation de la production du taux d'anticorps après une vaccination chez les patients qui ont suivi un programme de méditation pour la réduction du stress (MBSR).

5. Une diminution des douleurs chroniques

Des études ont été menées sur la gestion des douleurs chroniques et il a été constaté que les personnes ayant participé à un programme de méditation (MBSR) ont une meilleure gestion de leur douleur et ont gagné en bien-être et en qualité de vie. Les méditants ont apprit à changer leur rapport à la douleur en l'acceptant davantage, en prenant de la distance avec elle et en la percevant différemment.

6. Une régression du psoriasis

Le psoriasis est une maladie dermatologique qui se caractérise par l'apparition d'épaisses plaques sur la peau qui se desquament. Cette maladie peut être très invalidante. Le stress peut aggraver les lésions.

Des études ont montré une régression des symptômes chez les personnes qui ont suivi un programme de méditation (MBSR).

7. Une diminution de la tension artérielle

Dans certaines études scientifiques, les chercheurs ont constaté que la méditation permet aussi de diminuer la tension artérielle chez les personnes qui ont une tension normale, mais surtout chez les personnes qui ont une tension artérielle moyennement élevée.

Ce résultat est intéressant dans la mesure où ces dernières pourraient méditer afin de baisser leur tension, de la stabiliser pour échapper aux pics, leur évitant ainsi de prendre des médicaments.

8. Une meilleure synchronisation des deux hémisphères cérébraux

Les études chez les méditants expérimentés ont montré une meilleure synchronisation des hémisphères cérébraux dans les ondes cérébrales appelées gamma.

Une augmentation de la synchronisation est généralement liée à une meilleure conscience de soi et de son environnement. Une vision plus globale de soi et de la situation permettrait de prendre des décisions plus sages, plus adaptées à la réalité.

9. Une diminution du vieillissement cellulaire

À l'extrémité des chromosomes, il existe une région qui s'appelle les télomères. Avec les divisions cellulaires, ces régions se raccourcissent de plus en plus ce qui est le signe d'un vieillissement cellulaire. Il existe également une enzyme appelée la télomérase qui protège les télomères les empêchant ainsi de se raccourcir. Les scientifiques ont remarqué que les méditants avaient une augmentation de l'activité de cette enzyme.

10. Une amélioration de l'attention et de la compassion

Les recherches conduites auprès de personnes ayant participé à une retraite intensive de méditation ont montré une augmentation de l'attention. Il semblerait que grâce aux techniques de méditation, l'attention serait plus « disponible » alors qu'habituellement elle est plutôt captée, malgré elle, par des sensations, des pensées, des ressentis qui nous empêchent de mobiliser notre attention comme on le voudrait.

Des expériences menées sur des sujets qui méditaient sur la compassion ont montré une activation des régions cérébrales liées à l'empathie, aux émotions agréables.

Une chercheuse, Barbara Fredrickson, a montré que les sujets qui pouvaient méditer trente minutes par jour sur la compassion sur une durée de six à huit semaines avaient une augmentation des émotions agréables comme la joie, l'espoir, la gratitude, l'enthousiasme.

10 IDÉES REÇUES SUR LA MÉDITATION

1. Méditer, c'est réfléchir

On confond souvent la méditation avec la réflexion : réfléchir sur le sens de sa vie, sur qui on est, sur l'origine de l'univers, sur l'origine de l'homme, sur la vie après la mort...

Mais dans la méditation de pleine conscience, on est très loin de la réflexion. Au contraire, on s'entraîne à arrêter le flux incessant de pensées et le bavardage intérieur, en se focalisant par exemple sur la respiration, les sensations corporelles ou sur les sens.

2. Il faut être bouddhiste pour méditer

La méditation de pleine conscience est issue des traditions bouddhistes, mais il n'est pas nécessaire de se convertir au bouddhisme pour méditer. On retrouve aussi des techniques équivalentes à la méditation de pleine conscience dans les autres traditions religieuses : la prière contemplative chez les chrétiens, l'utilisation des phrases sacrées répétées comme des mantras pour se rapprocher de Dieu chez les méditants juifs, la répétition de mots sacrés au rythme de la respiration chez les soufis...

La méditation est accessible à tout le monde, quelles que soient les sensibilités religieuses, car il s'agit simplement d'un ensemble de techniques dont les bénéfices sont très variés : meilleure gestion des émotions, diminution du stress, capacité accrue de vivre dans le moment présent, etc. Comme le dit un grand maître de méditation : « Si vous avez le temps de respirer, vous avez le temps de méditer. »

La méditation a été intégrée dans des programmes thérapeutiques : MBSR pour la gestion du stress et MBCT pour la prévention de la rechute dépressive. Ce sont des programmes de méditation laïques qui se diffusent de plus en plus et qui sont même enseignés dans les hôpitaux afin d'aider les patients.

3. On médite pour se relaxer

Attention

La pratique de la méditation apporte de nombreux bienfaits, notamment la diminution du stress, une amélioration du bien-être ou encore un état de relaxation. Cependant, la méditation n'a pas nécessairement pour but de se relaxer, ce n'est ni de la sophrologie ni de l'hypnose.

La méditation ne prône pas une recherche d'un état en particulier (relaxation, détente, bien-être), mais plutôt une position d'observateur curieux et bienveillant sur l'expérience du moment présent. Si nous ressentons de la relaxation, nous en prenons simplement note et nous pouvons nous en réjouir, mais si aucune détente ne se produit, nous le remarquons aussi et ce n'est pas non plus un problème. C'est là tout le paradoxe de la méditation : tout arrive quand on ne cherche rien. Donc le meilleur moyen de se relaxer est de ne pas chercher à se détendre à tout prix.

4. C'est égoïste de méditer, on se regarde le nombril

Pour beaucoup de personnes, méditer est perçu comme un acte égoïste, car le méditant semble être exclusivement centré sur ses problèmes, les yeux fermés, détaché des malheurs du monde.

Mais en réalité, plus nous méditons et plus nous nous libérons du moi aliénant. Nous apprenons à nous détacher de notre vision autocentrée. Nous développons ainsi une plus grande ouverture au monde, un sentiment de connexion avec notre vie en lien avec nos valeurs et avec les autres. Il existe des méditations dites compassionnelles qui nous entraînent à développer notre capacité d'empathie, de bienveillance, d'altruisme.

5. La méditation rend passif, on devient un légume

Les temps de méditation formelle où le méditant est immobile évoque une certaine passivité. Mais derrière ce calme, nous déployons beaucoup d'efforts et d'énergie pour travailler notre attention, notre concentration afin de ramener notre esprit sur des objets de focalisation : la respiration, le corps. La méditation est un véritable entraînement de l'esprit. Nous fournissons autant d'efforts qu'un sportif de haut niveau, même si cela ne se voit pas.

Par ailleurs, c'est un temps volontairement choisi où nous apprenons à être simplement en présence de nous-mêmes et à cultiver le « mode être », par opposition au « mode faire » qui est notre mode habituel de fonctionnement. En étant simplement le témoin silencieux de nos pensées, de nos ressentis corporels, nous acquérons une connaissance plus profonde de nous-mêmes et une clarté intérieure, ce qui permet de prendre des décisions plus sages et réfléchies que si nous réagissions automatiquement à nos pensées ou à nos humeurs du moment.

Il existe des temps de méditation informelle qui ne nécessitent pas une posture immobile, et où nous pouvons donc méditer en mouvement tout le long de la journée : marcher, travailler, manger, prendre sa douche, parler en pleine conscience...

6.Il faut méditer pendant des années avant d'avoir des résultats

Le cerveau est un organe fabuleux aux multiples ressources insoupçonnées. Il continue de se développer même à l'âge adulte et il s'y crée en permanence de nouvelles connexions : c'est ce que l'on appelle la neuroplasticité. Des recherches très récentes ont montré qu'après deux heures d'une même tâche, il existe déjà des changements structurels dans le cerveau. Il a été aussi mesuré dans certaines études un changement cérébral dans les régions cérébrales associées au sens du soi, à l'empathie, chez les participants qui avaient pris part à un programme de méditation en huit semaines.

L'équipe du Dr Sarah Lazar (une neuroscientifique pratiquant la méditation depuis de nombreuses années) ont révélé, d'après des techniques d'imagerie (IRM), une augmentation des zones impliquées dans le contrôle attentionnel et sensoriel chez les méditants.

Hozer et son équipe ont constaté un épaississement cortical dans les régions en lien avec le traitement de l'image de soi, de l'apprentissage émotionnel et de la mémoire chez les participants après un programme de méditation en huit semaines.

7. Il faut avoir de gros problèmes psychologique pour méditer

La méditation apporte beaucoup de bienfaits comme nous l'avons vu plus précédemment. Tout le monde peut méditer. D'ailleurs, dans des pays asiatiques à tradition bouddhiste, la pratique de la méditation fait partie du quotidien. Il serait dommage d'attendre d'avoir des « problèmes psychologiques » pour commencer à méditer ! Dans certaines écoles américaines, les enfants apprennent à méditer afin d'améliorer leur attention et leur bien-être. Récemment, il a également été organisé des cours de méditation de pleine conscience au Parlement britannique.

8. Quand on médite, on ressasse ses problèmes

L'entraînement à la méditation permet au contraire de moins ressasser ou ruminer les problèmes. En effet, quand nous nous entraînons à accepter toutes les émotions, même les plus pénibles ou désagréables sans intervenir, en les laissant évoluer à leur propre rythme, nous augmentons notre capacité à les accueillir. Nous ne sommes plus en lutte contre elles, ce qui peut permettre une diminution du sentiment de détresse ainsi que les ruminations.

9. La méditation, c'est pour faire le vide dans sa tête

Quand nous méditons de façon formelle (en position immobile), nous essayons de focaliser notre attention sur des ressentis corporels ou sur la respiration (objets de focalisation). Durant ce temps de méditation, nous essayons de ne pas nous laisser distraire par les pensées ou par toute autre source de distraction (bruits de l'extérieur par exemple), et quand nous commençons à partir dans nos réflexions cela s'appelle le vagabondage mental.

Nous nous empêchons alors volontairement de poursuivre le cours de nos pensées pour ramener notre attention sur les objets de focalisation. Certes, nous essayons de vider notre tête de pensées, mais seulement pour peut-être mieux penser après ! Il y a un temps pour méditer et un temps pour penser (pas pour ruminer).

10. Méditer permet d'être heureux en permanence

La méditation permet de cultiver la paix et la sérénité intérieures, à condition que nous prenions conscience de ce qu'il y a à l'intérieur de nous-mêmes pour faire un état des lieux le plus honnête possible (pensées, émotions, ressentis, sensations physiques). L'idée est d'accepter totalement, avec bienveillance et sans aucun jugement, nos pensées (même les plus honteuses) et nos émotions (même les plus désagréables).

En étant simplement présents et en les observant sans nous identifier dans une acceptation totale, nous pouvons nous libérer de leur tyrannie. Nous serons alors beaucoup plus disponibles, présents dans notre vie, davantage capables de prendre conscience des moments de bonheur – même les plus subtils – que nous offre la vie.

Mon calendrier annuel de méditation

Janvier	Février

Mars	Avril

Mai	Juin

Mon calendrier annuel de méditation

Juillet	Août

Septembre	Octobre

Novembre	Décembre

Notes

Notes

Notes

Notes